歷史是一雙靴子

學校沒教的事，就問大師

磯田道史

黃鈺晴——譯

本書是以二〇一九年六月十一日，於鎌倉女學院高等學校[1]進行的特別課程內容為基礎，重新整理而成。

鎌倉女學院高等學校，位於神奈川鎌倉市由比濱二丁目十番四號，是在明治三十七年（一九〇四）由田邊新之助（東京開成中學校校長、漢詩詩人）創立，第一任理事長由陸奥廣吉（陸奥宗光[2]長子）擔任。該學院以「真摯沉著」、「尚絅」[3]為校訓，在創立者懷抱著「不帶宗教色彩，立場中正，不偏不倚，培育踏實可靠之女性」、「希冀傳授日新月異之新知識」的理想之下而設立。

鎌倉女學院為國中與高中並設的完全中學，二〇一八年四月一日時，高中部學生人數為四百八十九名。該學院以「培育優雅知性的女性菁英」為目標，現今充分利用其位於古都鎌倉中心的絕佳教育環境，發展出獨具學院特色的課程，在國中部設計了透過鎌倉學習日本文化的「鎌倉學」，並以此為基礎，在高中部設計了帶領學子認識世界的「國際・環境學」。

＊譯注1　高等學校：相當於臺灣的高級中學。
＊譯注2　陸奥宗光（一八四四～一八九七）：日本江戶幕府末期、明治時期的政治家，曾以外交大臣的身分代表日本政府與清廷簽訂《馬關條約》。
＊譯注3　尚絅：喻君子懷其德而不外露。語出《禮記・中庸》：「詩曰：『衣錦尚絅，惡其文之著也。』」

目錄

歷史與人

不是花盆的碎片

磯田　大家好。

全體同學　老師好！

磯田　我叫磯田道史。

我想在自我介紹的同時，順便跟各位談談我童年時候的事。

我的母親是女校的英文老師，她在岡山生下了我這個兒子。（「哦～」傳來同學的聲音）

雖然我是學校老師生下的小孩，但若問到，是否因為我是學校老師的小孩就能夠順利融入學校生活，倒也並非如此（笑）。

我雖然也會去學校，不過呢，卻是一個只學習自己感興趣的科目的小孩。其中我最感興趣的科目是歷史和理科，會自己閱讀這一類的書籍，可是卻記不住九九乘法，學校雖然去了，但卻稱不上是好學生，經常在家附近遊蕩，看看寺廟和石佛，逛逛城堡或神社。

在到處亂逛的時候，我遇到了住在附近的伯伯，他應該是高中夜間部的老師。對學校生活適應不良的男孩和高中夜間部的老師相遇了。這位伯伯是一位很好的人。我現在依然忘不了，地點是在一條田間的小路上，他對我說：

「磯田同學，你去瞧那邊的田埂，說不定會看見像是花盆碎片的東西。怎麼樣？有吧！」

「啊！有，有，有。」

「你把它撿起來，仔細瞧瞧。」

「紅色的，很漂亮。」

「那個可不是花盆的碎片，而是兩千年前的彌生式土器呢！」

聽他這麼一說，我嚇了一跳。（「咦！」傳來同學的聲音）

因為就在家附近而已呀！我那時還想，真的有那麼古老的東西嗎？還有，我家的院子，有一塊用來當作家庭菜園的地方，我仔細觀察後，發現那裡也同樣掉落著彌生式土器。

那時，我九歲，小學三年級。

小學三年級的我——好歹總算學會了乘法，所以知道兩千年除以九歲後，會等於多少——因而察覺，人類的歷史似乎比我的生命還要長很多很多。

然後，我上的小學，是位在岡山市的御野小學，是剷平巨大古墳而建立的學校。人們使用網籃堆積建造的土丘，像座山一樣，比學校的建築物還高。

於是，我心中湧上了一股莫名的感動。那或許是因為當時我領會到，自己此時雖被大人關在學校，但世上還有比那個學校更巨大而且永恆的事物，還存在著會成為歷史的事物。

會因為古老事物而感動不已，我想除了人類之外，應該沒有其他的生物擁有這種情緒。

能夠飛越空間和時間的動物

磯田　話說，狗或貓認識歷史嗎？我想，應該很困難，牠們不可能像人一樣。可是，本人，不對，應該說本狗或本貓（笑），牠們應該會擁有自身的經驗。

比方說，就假設我是一個很壞的小孩，是每次從狗的前面經過時就會想要扔石頭的惡童。

在那種情況下，「那個叫磯田道史的傢伙一來，說不定就會使壞，總之先逃再說……」狗應該能夠採取這種行動。不過，這是根據個體的經驗而採取的行動，只是那一隻狗根據個體的體驗和記憶而採取的行動罷了。

假設有一對狗兄弟，狗哥哥對狗弟弟說：

「喂，弟弟！若那個叫磯田道史的傢伙經過時，說不定會扔石頭，所以還是先閃為妙！」

狗能夠像這樣以言語傳達意思嗎？說不定，傳達這點內容是有可能的。但是，一般的動物，應該是不行的吧！自己明明完全沒有親身體驗，但只要磯田道史一經過就會逃開，一般的動物應該不可能採取這種行動吧？

而且，在這對狗哥哥和狗弟弟都死掉以後，狗還會寫下：

「曾經有一個叫磯田道史的傢伙一來就會扔石頭，所以我們的子孫見到磯田一定要趕快逃。」（笑）

這對狗兄弟的狗孫子們，會受此影響而採取行動嗎？那是不可能的！

就像這樣，一般的動物在行動之際，大多僅是憑藉著個體的體驗和記憶，相對地，人類卻能夠飛越空間和時間，將其他個體的經驗當作人類共有的財產，從中學習到如何採取下一步的行動，讓自己可以過得更好，或者是傳下愚昧的想法，留給後代歧視和偏見。

這就是所謂的「擁有歷史」，這意味著我們現代人，也就是智人（Homo sapiens），是一種極為不可思議的生物。首先要請各位在學習歷史的前提下，好好思考這一點。

符號、象徵、抽象化

磯田　人類是從何時起開始出現這種行為呢？說得稍微複雜一點，就是能夠運用符號和象徵，變得抽象化。關於這個問題，至今科學上仍無法給出明確的答案。

語言只是聲音，不過是空氣的振動而已。文字只是石頭或泥板上的刻痕，或者不過是紙上的痕跡。要理解其中含有某種意義，是很困難的事。

因為這得要將聽到的「i-so-da-mi-chi-fu-mi」的聲音，或紙上的「磯田道史」的痕跡，與那個扔石頭的傢伙的意象重疊。大腦神經必須形塑出這種認知能力才辦得到。人類是在何時形塑出這種認知能力呢？這個問題很難回答。目前最具說服力的說法，可能是始於五萬年前左右。

為什麼會知道呢？我們做出來的東西，被埋在土裡後，大概會輕易地逐漸消解。但是，石器卻能夠長時間保留它的形狀。

於是我們發現了這樣的東西。倘若只是使用石器來切割東西、剁碎東西、刺穿東西的話，應該完全不用在意它是何種形狀。

然而，這個形狀（參照次頁黑板上的圖形），看得懂嗎？卻是左右對稱（symmetry）。人類開始製作左右對稱的石器，這得多麼堅持，得花上多少時間啊！

考古學者——人類學者也是——稱這為「講究」。請看一下，要做到兩邊一模一樣才罷休……。不做到兩邊完全一模一樣就不甘心，原始人當中也有「講究」石器製作的「御宅族」呢（笑）！

生存在那個時代應該是很艱辛的，因為相當寒冷。總之以前鎌倉這一帶的氣候，就跟札幌差不多。在如此艱辛的環境下，渺小的人類還得對抗諾氏古菱齒象（Palaeoloxodon naumanni）、猛瑪象（mammoth）之類的猛獸。

在那樣的狀況下，應該只要迅速劈開石塊，讓石塊能夠達到切割的功能就夠了，但卻出現了一些極為講究造型之美的人。由此可知，大約從這個時代開始，人類似乎已經在思考一些不可思議的事。

針與串珠

磯田　之後是針的出現。

將動物的骨頭削尖之後，鑽洞、穿線。這種工具也不是一般的生物能夠製作出來的。若使用針這種工具，穿了線，縫合布料，就能夠製作出穿著的工具，便能夠用來禦寒保暖。換言之，針就是「用來製作工具的工具」。就工具的層次而言，又更上一層樓了。

還有一件事，就是出現了大量的串珠。

剛剛也說過，原始人的生活明明極為艱辛，可是當中卻有熱衷於製作串珠的傢伙。有那樣空閒的時間，竟然不會趕快去打獵（笑）。

原始人的平均壽命，和各位現在的年紀差不多，十幾歲，一下子就死掉了。嬰幼兒的夭折率很高，因此雖然也有很長壽的人，但是平均壽命就只有十幾歲。因為環境很嚴酷，所以無法長壽。

人會好色，肯定是因為這個緣故。無論如何都必須多生一些小孩，要不然就會一個接著一個死掉。那段期間很漫長，大概因此那個時代的原始人的本能行為，也傳給了現代人。

因此，對雌性原始人而言，也得好好尋找能夠保護自己和自己小孩的雄性原始人。畢竟人類的懷孕期要將近十個月。如果雌性原始人沒有找到可靠的雄性原始人，要是雄性原始人不回到寒冷的洞穴，那麼雌性原始人就只能和小孩一起凍死在洞穴中。所以，雌性原始人會選擇不外遇、健康、有領導能力和生活能力的雄性原始人。大概唯有這麼做的雌性原始人才能夠留下大量的後代。

接著，是關於串珠的事（笑）。

從原始人的洞穴，出土了大量不實用的串珠。為什麼會這樣呢？

雌性原始人拚命想要找到可靠的雄性原始人。同樣地，雄性原始人為了被雌性原始人選上也費盡心思。現在，人們要向異性表白時會怎麼做呢？大家經常會贈送一些具有象徵性的禮物，如戒指之類的吧。原始時代的人類又會怎麼做呢？或許有些人會很務實，帶著肉類去表白。

不過，原始人當中說不定也有人在表白時會帶著具有象徵性的物品，譬如花。或者有些時候，當雄性原始人帶著串珠去時，雌性原始人很開心。如果雌性原始人對串珠不感興趣的話，應該就不會挖掘出如此大量的串珠。

有一些原始人，就算吃不到肉，陷入生存危機，也依然孜孜不倦地製作串珠（笑）。

說不定還曾經出現過這樣的場景（笑）。

雄性原始人：為了妳，我就算吃不到肉也無所謂，我做了好幾萬顆的串珠，請收下！

雌性原始人：好美喔！

而男性和女性的立場，或許也有可能是相反的。重要的是，對於像串珠這種不能作為食物，單純只是嗜好的物品，他們似乎曾經投入相當大量的心力。這點是人類，尤其是被稱為現代人的智人，明顯與其他生物不同之處。

實驗精神旺盛的磯田少年

磯田　誠如前述，人類是天生就對具有象徵性的事物懷有強烈興趣的生物。於是我們必須思考的，即是儼然只有人類會認真看待的象徵性事物，也就是神明（カミ，kami）、國家（クニ，kuni）、金錢（カネ，kane）的「三K象徵」。

我在小學的時候，只要不去上學，就會經常自己進行各種實驗。第一個是「滿分神社實驗」。

為了祈禱自己能夠考取滿分，我在家裡設置了一座神社（笑）。然後，我整個星期都全心全意地祈禱。我想測試看看，是不是光祈禱就能讓學校成績變好（笑）。

我的考試當然沒過關（笑）。

接下來的一個星期，我完全不祭拜神社，專心念書，然後去考試。理所當然，如此一來我的成績肯定是變好了。

雖然神社的相關人士也許會說：「如果你認真用功念書的同時，也祭拜神社的話，成績一定會更好。」但總之我明白了，只要好好念書，比光拜託神明還要有效（笑）。

然而，當我設置滿分神社時，狗就一定會來挖洞，把神社給弄壞。我雖然還是小孩，但也不禁在心裡暗罵：「這傢伙會遭到報應的！」（笑）人家可是認真地連祈禱文都念了呢！

可是，那時我突然注意到：原來如此，「狗好像沒有神明」（笑）。

至少，狗似乎沒有人類所認識的那種神明。之後我就開始思考狗和人的不同。

於是，我做了第二個實驗。我想測試一下狗是否認識錢。

首先我準備了一枚一萬日圓的鈔票。

我們家的衣櫥深處，藏著我父親的薪水。我從那裡借了一張鈔票擺在走廊。

接下來，我去到廚房，把冰箱裡的雞肉拿出來。

那塊雞肉大概三百日圓，我切下十分之一，大約是三十日圓的分量，同樣放在擺了一萬日圓鈔票的托盤上。

不管做任何事都一樣，進行對照實驗是很重要的（笑）。這樣就準備完成了。肉的價格，大約是三十日圓，而一萬日圓則超過了三百倍，因此可以買到相當大量的肉。我做這個實驗目的，是想測試狗究竟是否能夠明白這一點。

我們家養了兩隻狗，一隻叫小純，一隻叫阿金。小純是母的，阿金是公的。

「小純，過來這裡！」

小純一下子就向肉飛撲而去（笑）。

原來如此……，不過，說不定那是因為小純很笨，所以才會這樣（笑）。阿金說不定就會跑向一萬日圓。但是，阿金也還是撲向肉，對鈔票完全不感興趣。

我很有耐心地重複進行了多次實驗，狗只有一次衝向一萬日圓。「哎呀！是阿金。太厲害了，阿金說不定認識一萬日圓。」正當我這麼想時，才發現並非如此。原來只是因為一萬日圓的鈔票沾染了我手上的肉味（笑）。

原來如此，狗並不認識錢——於是我明白了這件事。

「三K」：神明、國家、金錢

磯田　在新聞報導中會看到，人類常會因為對神明的信仰紛爭而爆發宗教戰爭，或是為了國家而赴死，或者因為金錢而引發殺人案件。

神明、國家、金錢，這「三K」對狗和貓明明完全都不管用，人類卻為何會創造出這「三K」，而且，還會為此心醉神迷，甚至不惜殺人。

這「三K」沒有實體，是象徵。

人類與其他的生物不同，當人擁有變得會沉迷於象徵的大腦構造，思考著這些象徵之際，人與人之間的關係也在不知不覺間產生變化，世上變得更新更進步，但也發生了不幸的大屠殺。

但是，能夠搭乘太空船前往月球的生物，也只有創造出神明、國家和金錢的象徵體系，與具有象徵性的數字之學的人類；這也是不爭的事實。

談到象徵，這次年號變更為「令和」，我打算稍後再來談談這件事。不過，所謂的年號，也就是「為時間命名」。冷靜想想，這也是很有趣的抽象性行為。在人類的歷史上，並非所有的民族都會創造歷史、使用年號，並對時間賦予抽象概念。譬如，愛努族就不使用年號。另一方面，如美索不達米亞、埃及、過去的中國，以及現在的日本，就會以年號為時間命名，這些地方的人們特別尊崇君王和國家。

我要先申明，這並不表示這些文化之間有進步或落後的差別。如在四大河流域之類的地方，對抽象化充滿熱情、執著於象徵的人很多；而這些沉迷於其中的人，創造了文字、曆法、年號，創造出神明和代理神明的君王，建立起官方組織和軍隊。然後，那些人看見對這些事情不感興趣的人們，就開始瞧不起他們，說著「那些傢伙真是落後」、「他們很野蠻」之類的話。這是很不好的事。

歷史，由於是以文字這種象徵書寫流傳，因此也是在執著於「神明、國家、金錢」這些象徵的人們之間逐漸發展出來的。

因為這個緣故，歷史也無法完全擺脫神明、國家、金錢的束縛，經常帶有偏見。閱讀歷史時，我們必須留心這一點。但是，歷史也有很大的功能。那就是回到我最初說的，我們記錄過去的其他個體的經驗和記憶，加以參考，進而對我們的未來發揮助益。

我想請各位要先掌握這一點。

豬和廁所之中有歷史嗎？

磯田　那麼，歷史究竟是什麼？這實在是很困難的問題。

在學校，歷史很容易淪為背誦的科目。可是，我不大贊同歷史是背誦的科目。對我而言，歷史反倒是應該要認真思考：「為什麼會變成那樣？」我們就來談談這個部分吧。

有一位司馬遼太郎先生，他是一位國民歷史作家，各位的父母親想必都認識，可能大概也讀過幾部他的作品，各位說不定也知道他。司馬先生針對年輕人寫了一篇以〈給二十一世紀的你們〉為標題的文章。他在那篇文章中，對「何謂歷史」這個問題的回答，極為草率。他說：

「所謂的歷史，是各式各樣的人的人生的集合體。有這樣度過人生的人，有那樣度過人生的人。聚集各式各樣的人生的集合體，就成為歷史。」

各位，請再稍微回想一下，歷史教科書當中出現的人物。有出現武將之類的人物吧。還有出現總理大臣，也出現了天皇。

那麼「源賴朝[4]選擇了這種生存方式」、「足利義滿[5]的一生是這樣」，將這些事蹟聚集起來，自然而然就會成為歷史了嗎？說不定有可能。每個人對歷史都有各自不同的理解，因此司馬先生對於歷史的想法也未必有錯。

可是，我覺得也不能只是說，所謂的歷史，單純是人生的集合體。

因為，我的曾祖父和高祖父都沒有出現在歷史教科書上。

在一般的學校班級中，大概很少有同學，「跟自己相隔代數不多的祖先被記載在教科書上」吧。雖然司馬先生說歷史是人生的集合體，但事實上，歷史卻只擇取了與國家有關的，被視為「偉人」或「英雄」的人物的人生。

只將被稱作偉人的人們的人生視為歷史，果真是一件好事嗎？

只有政治和戰爭才是歷史嗎？

勝利者的角度所看到的就是歷史嗎？

話說回來，歷史只存在於人類之間嗎？關於這點，過去曾有各式各樣的爭論。

在那些爭論當中曾出現過一個論題：「豬之中有歷史嗎？」

答案應該是什麼呢？

我認為豬之中也有不容忽視的歷史。

豬是從野豬演變而成的家畜。那麼馴化飼養豬的人是誰？他們是從何時、在哪裡開始飼養豬的？怎樣的人在怎樣的時候會吃豬？豬的價格是多少？

豬本身暫且不論，調查人與豬之間的關係，加以書寫、敘述，這就是歷史。追究某種事物與人之間的關係的歷史也是必要的。

譬如，這裡是鎌倉，那麼就可以討論人與森林的關係。像是追查周邊的山的植被，過去有多少竹林之類的。進入二十世紀，開始出現了新的趨勢，不僅是偉人的人生，還有這些事物，也成為歷史學關注的對象，這在今日被稱為社會史或環境史。對了，還有很重要的是跟海嘯的關係，因為這裡也很靠近大海。

剛剛抵達這所學校時，一下計程車，我就取出行動電話，對谷歌大神說：「鎌倉女學院的標高」，試著搜尋了一下。

得到的答案是五點一公尺。如果天搖地動，底下沒有失火的話，爬上四樓，標高則大約是十四公尺，有相當的高度。

這麼一想，就保護生命而言，知道關東大地震時，海嘯到達鶴岡八幡宮的一之鳥居附近時的高度，可是很重要的！（鎌倉女學院就位於一之鳥居附近，當時鳥居因地震而倒塌。）

*譯注4　源賴朝（一一四七～一一九九）：鎌倉幕府的首任將軍，為日本武家政治的肇始者。
*譯注5　足利義滿（一三五八～一四〇八）：室町幕府的第三代將軍，結束日本南北朝對立的局面，退位後修築了金閣寺。

我們是人，因此跟狗不一樣，能夠飛越空間和時間，並且能夠思考和與自己性質不同的事物之間的「關係」。不是只有武將出現的歷史，海嘯和豬之中也都存有歷史，而我們可以明白，這些歷史能對我們產生極大的助益。

應該也有廁所的歷史吧！

廁所是何時變成沖水式的？

相反地，以前的廁所沒有採用沖水式的理由是什麼？

人是何時開始用紙擦拭屁股的呢？

那些紙是在哪裡製造的呢？

各位當中有將來想要成為建築設計師的人嗎？這種情況下，知道武將的歷史，和知道世界上的人過去擁有怎麼樣的廁所，哪一種會比較有用呢？說不定學習廁所的歷史的人，能夠設計出比較好的房子。

所謂的歷史，對個人而言，是對過去的參照（reference），並不一定非得要侷限在教科書、偉人和名人的歷史之中。

傳統遲早也會改變

磯田　那麼，為何我們在學校學到的歷史，都只出現武將或政治家呢？歷史當中，有各種學科；在古老的時代，政治、外交或戰爭，這類特殊事件一直被視為歷史的重心，也就是所謂的「政治外交史」。

總而言之，舊式的歷史書寫，打個比方就好像是只記載了首相官邸或外交部的所作所為。日本的教科書，就是遵循著這種以國家的政治和外交為重心的舊式風格書寫而成，即是遵循著傳統的歷史書寫模式。

教科書既是如此，授課和考試當然也就會遵循這個方向，無形中養成了「只顧著記住和回答」戰爭發生或締結條約的年分的學習模式。

然而，現在的歷史學，不只涵蓋了豬和廁所，甚至擴展到範疇更大的「環境史」。

從前，人類的活動範圍小，那時人類的活動還不會對自然造成太大的影響，但現在人類的所作所為甚至會影響到整個地球。

譬如，全世界的人類，以龐大的工業生產力製造出以寶特瓶包裝的果汁和茶類飲料，倘若將喝完的飲料容器隨意丟棄，當然那些容器最後就會流入大海，或是被埋到山裡，如此一來就會對動植物造成影響。

因此，人類對環境造成的影響，和人類受到環境的影響，我們在學習歷史時必須同時兼顧這兩方面。因為我們現在需要的，不再是以一國為單位的歷史，而是思考人類共同課題的歷史。

為何重新進入慶應義塾大學

磯田　換言之，在現代社會，歷史研究涵蓋的範圍，日漸改變，變得越來越寬廣；

也就是「並非只有英雄偉人，一般人的身上也有歷史」。

我進入大學後，開始著迷於這方面的研究。

這話雖有點突兀，可是我進了大學卻沒交到女朋友。最後我終於第一次交到女朋友，是在三十六歲的時候，後來就跟那個人結婚了。（「啊？！」傳來同學的聲音）

很晚吧！大概是因為我光顧著讀古文書吧（笑）。……抱歉，離題了（笑）。因為那種情況，所以有一個問題讓我耿耿於懷。

——江戶時代的人，第一次結婚時平均是幾歲呢？

因為我突然想到，果真會有人去調查這種事，去弄清楚江戶時代的初婚年齡嗎？

真的有人這麼做了。

慶應義塾大學有一位名叫速水融的老師，就曾經做過這項研究，雖然他已在日前過世。

我得知速水老師的這項研究，是大學一年級的時候。

那時候，我就讀於京都府立大學。

因為我在學校的功課，除了歷史以外都不怎麼樣，於是我心想，在日本所有的大學中，歷史分數配分比例最高的大學，自己說不定能夠進得去，而且不管怎樣，只要能去到京都，就能跟遺跡生活在一起。在京都有一所府立大學，所以我就先考進那所學校。

進入府立大學後一看，圖書館和研究室當然都放了歷史書籍。我很喜歡書，所以讀遍了圖書館所有的歷史書籍，到後來已無書可讀。

如此一來我當然會想要閱讀其他的書籍。因此我就很想要進入京都大學的書庫。不過，據說要介紹信，也無法外借。

這事讓我深刻體認到，世上畢竟還是存在著制度這種東西。

那時候，京都大學畢業的老師，畢業後還能夠回母校借書，也可以把書帶出去。然而，不曾進入京大就讀的人，因為是毫不相干的外人，所以不被允許將書帶出。

為什麼我在十八、九歲時，沒參加京大的入學考試，或者沒進（進不了）京大，會對日後造成影響呢？我當時心想，這下可糟了。

這所大學的歷史書籍，我已經全部讀完，已經沒有值得借出來的書了；對了，那麼就去速水老師所在的大學吧！我這麼一想，之後便又開始念書。

於是，我重新思考該如何學習英文。

我的個性，沒辦法為了入學考試而念書，但如果有想知道的事，我就會全心全意投入學習。於是我就想到：「對了，那就來閱讀用英文寫的歷史書吧！」這真是一個好方法呢！

提到英文書，有一位在澳洲出生的英國考古學者，名叫柴爾德（Vere Gordon Childe）。在思考歷史時以掩埋在土中的物品為中心，即稱作考古學。這個人的書很有趣，因此我就閱讀他的原著來學習英文。只要是歷史書籍，就算是用英文寫的，我閱讀起來也不覺得辛苦，在閱讀的過程中，我便漸漸學會了英文。我對自己說：「很好，就這樣朝向速水老師所在的大學邁進吧！」於是，我也閱讀了速水老師的書。速水老師的研究焦點，是調查江戶時代的平均結婚年齡。

在那本書中寫到，東日本和西日本，以及靠近京都、大坂的地方和其他地區，女孩的結婚年齡截然不同。

東北地區的女孩很早婚，十幾歲就結婚的人很多。相對地，像是往名古屋，或西邊去的話，二十四歲左右結婚的人就很多。

為何會有這種情況？這就是必須思考的地方。

在東北地區，所謂結婚就是勞動力的供給，女孩結婚進入大家族之中，除了生孩子之外，自己也得工作。

另一方面，在京都、大坂周邊，和名古屋之類的地方，女性會以「奉公」的名義一度離家，如前往商人之家，寄宿在他人家中工作，在那裡賺存自己的結婚費用，之後才嫁人。

也就是說，在勞動人口充裕的地方，和富裕到某種程度的地區，女孩因為寄宿到他人家中工作，所以結婚年齡變得比較晚，也因此影響到她們在一生中所生產的孩子數量。速水老師對此進行了研究。我沒有看這種歷史敘事，因此很驚訝。

速水老師在日本引進了「歷史人口學」這個新的研究類型。

我覺得這個很有趣，自己也想研究類似的領域，因此我重新進入慶應義塾大學。

歷史無法實驗

磯田　事實上，這裡有一個問題：

就是關於歷史的「How」與「Why」。

歷史當中含有兩個問題意識，即是「如何」與「為何會變成這樣」。

不過，在那之前，我們先來思考以下的問題。

・為何要學習歷史？

・我們為何而學習？

・究竟為何需要歷史？

我也經常思考這些問題。

不如，我們就舉個例子來思考看看吧。譬如，就假設我到鎌倉女學院授課，結果掉了錢包。這時，我們該如何思考呢？

・為什麼會弄掉了？

・忘在哪裡了？

・口袋太淺了嗎？

・上課上得太投入了嗎？

總而言之，就是要找出弄掉錢包的原因，思考對策，以便不讓同樣的情況再度發生。比方在口袋裝上拉鍊，避免錢包掉落。

話說回來，我認為一開始就不應該隨身攜帶太多錢。

就像這樣，每當有什麼事發生時，即便只是個人的體驗，人類也會想採取某些行動，希望下次可以做得更好一點。這若是以個人為單位，就跟剛剛提到的狗一樣，是一種體驗。倘若嘗試以地區、國家，或是世界為單位，思考群體共有的經驗，這就成為歷史。以一定的標準在學校傳授歷史，這不正是現在各位在課堂上和考試時接觸到的日本史和世界史嗎？

因此我認為所謂的歷史，其實是很實用的。因為歷史嘗試對照過去發生的事例，認為應該從當中汲取經驗，改善日後的作為，是帶有某種程度的教訓性質。

然而問題是，這種教訓性質的前提是：「發生和從前類似的事」，但完全相同的現象不可能再次發生，因此很麻煩。雖然說「歷史會重演」，但卻不會再次發生和從前完全相同的事。

譬如，日本和美國曾經發生過戰爭。

歷史學者能夠說明，美日之間有這些事，因此造成這種情況，於是導致雙方捲入戰爭。還有在廣大的亞洲和太平洋地區有這種情況，最後整個日本遭到空襲，被丟下兩顆原子彈，到了蘇聯攻入滿洲（現在中國的東北地區）的階段，日本投降了；

關於這個部分，只要努力調查紀錄和史料，也大致能夠加以說明。

換言之，關於「How」，也就是「如何」，總能夠找到解釋。日本變得如何支離破碎，只要有留下紀錄就能夠查證。

可是，關於「Why」，也就是「為何」，就沒那麼容易。

因為歷史無法實驗。

怎麼做可以避免戰爭，大致上可以有個說法。但是，不會發生相同的事。不可能從哪裡弄到東條英機的DNA，複製出另一個具有相同基因的東條英機，再做一次實驗。也不可能再次編組聯合艦隊攻擊珍珠港以進行實驗。

這如果是理科的實驗，因為具有再現性，就可以預測。

如果是球往下掉的話，我們可以預測，球大概會在講台上彈跳一下，然後就掉到妳們那邊的地板上。（讓球掉在講台，球雖彈起但並未掉落到地板上。）咦，沒掉下去（笑）！

只要知道初始條件，我們就能夠預測球的動向。不過，如果是用輕飄飄的紙張來進行實驗的話，因為要素更多、更複雜，所以情況就會很難預測。

再現性最高的是天文現象。可以運算出天體運行的軌道，也能夠預報日蝕和月蝕、日出和日落的時間。但是，我們無法親眼見到歷史上的過去，也不會發生完全一模一樣的事。

但卻具有某種程度的規律性

磯田 天體，比方可以預測太陽明天也大概會從這邊升起，不過人類社會的現象卻未必會產生相同的情況。

但我們可以說，在某種程度上，會發生和過去類似的現象。儘管歷史現象具有一次性的特質，但另一方面，卻很容易規律性地發生類似的事。究竟是怎麼一回事呢？各位請試著思考一下。譬如，以下的情況。

比方開發出新技術後，人類開始從事農耕。以前大家都用手編織，紡織機發明後，變得可以用機器進行編織。又或者說，以前整理家務全部都得動手，人工智慧發明後，所有的東西全都自動化了。

那麼請思考一下，這種情況下，貧富之間的差距，是會縮小，還是會擴大？

各位都很聰明，所以憑直覺就能夠知道答案。根據過去的情況，當新科技在社會普及時，短期內，大體上貧富之間的差距會擴大。這就是歷史的教訓。

或許還有這樣的例子。掌權者突然變得很富有，過度溺愛小孩，那麼會出現怎樣的情況？如豐臣秀吉和愛子秀賴的例子。我們可以試著蒐集全世界的例子來比較一下。暴富的掌權者，若過度溺愛小孩，大概很容易就會滅亡。秀吉為了秀賴，向中國索取玩具，還恐嚇說：「不聽秀賴命令的侍女就拉下去打。」這點大家應該或多或少也能夠理解。

所謂的人性，人類是很相像的生物，所以在某種程度上會出現類似的情況。

因此所謂的歷史，某種程度上，是具有重複性的。歷史雖然不可能經由實驗再現，但我們應該認為，歷史含有的教訓是具有相當程度的參考價值的。

歷史是一雙鞋

磯田 然而，人們常常會以好惡來討論歷史。

我也經常被問到：

「老師，您喜歡歷史嗎？」

「老師，您喜歡的歷史人物是誰？」也有人會這麼問。

「我父親喜歡歷史。他也經常閱讀老師您的書。」也曾經有人這麼對我說。

能以好惡來討論的東西是嗜好品，跟酒和香菸是一樣的。

歷史學，果真是能以喜歡或討厭來選擇的嗎？

我總覺得不應該是這樣。

若以歷史思維來思考事物，我們就能比從前更安全地行走於世間。歷史反而應該是實用品，一種更接近鞋子的東西，不是嗎？我是這麼想的。

我們無法直接看見未來。但是，譬如（一邊在講台上後退）我倒退行走時，我能看見下面。根據過去的經驗，我知道講台的寬度是兩公尺或三公尺，深度不足一公尺，因此來到這邊，我差不多就會掉下去。換言之，我一邊觀察過去，某種程度上，就可以知道從這邊到這邊的距離，知道自己已經差不多要掉下去了。我認為這其實就是歷史具有的教訓性質，也可謂即是歷史的用處。

過去關東大地震時，（鶴岡八幡宮的）一之鳥居倒塌的狀況，若有留下照片，那麼我們應該也可以知道，鎌倉女學院一帶當時因海嘯而受到損害的程度。當然未來或許會出現比從前更大的海嘯，但是，我們可以達到某種程度的預測。

所以各位，這個校園裡到處都張貼了「當地震發生時請這麼做」的指示吧！目的就是告訴大家要立刻前往高處。

對狗就沒用。就算地震之前，先告訴狗和貓：「往上爬！」因為言語不通，所以牠們大概也不會上去。

人就可以做得到。因此我們可以說，所謂的歷史，是當我們行走於世間之際，能夠保護我們雙腳的鞋子。

面對任何事，我們都需要具備歷史思維，這是很重要的。因為如果我們從平常就能飛越時間和空間，在日常生活中隨時思考是否有類似的事，那麼我們也就能夠得知成功模式，可以避開危險，會比較容易成功。

話說回來，各位在決定要上哪一所學校時，應該會閱讀「赤本」[6]的考取經驗談。那就是歷史。

這就是透過跟歷史學習，來擬定準備考試的對策。

汲取前人參加考試的體驗活用在自己身上，這種歷史性的嘗試，就是閱讀考取經驗談。

每一個人都該順應著自己的人生，各自蒐集所需的資訊，思考自己該如何行動，這是非常重要的事。

矛盾很重要

磯田　接著我們來思考一下關於歷史視點的問題，也就是從誰的視點來觀看事物。從這點來看，歷史也可謂是一面鏡子。

歷史有「客觀性」的問題，不同的人即使觀看相同的事物，也會產生不同的看法。當中有非常困難的一面。

比如這裡有一個寶特瓶。從各位的角度看來完全就是一個寶特瓶，不過若只從這一側（瓶底）看過去，就只會看到一個圓形。所有的事物皆是如此。在資訊較少的階段，或者對視而不見的人而言，最初總會茫然不解。即使是寶特瓶，若仔細從四面八方觀看，就會知道這是「Oi Ocha」（お～いお茶）的瓶子，還有像製造商是伊藤園等等（笑）。即是若能從各種不同視點觀看的話，便會逐漸加深我們對事物的理解。

又是狗的話題，譬如，我去朋友家，看家的狗「汪汪！」（模仿狗叫聲）對我大聲吼叫。這個時候，我會得到這麼一個教訓，也就是得出一項假說（thesis，命題）。

——狗是會對人發出吼叫的動物。

然而，朋友從屋子裡走出來，斥責狗說：

「不可以喔！這個人是朋友。」

於是狗發出低鳴，安靜下來；這時又會如何呢？

＊譯注6　赤本：日本的一種大學入學考試歷屆試題集，因封面是朱紅色的，所以被稱為「赤本」。

哦呀？狗不一定會對人發出吼叫。當我得到這個跟剛才矛盾的資訊時，就能設立下一個假說。

——狗，會對可能加害自己認定是主人之對象的人發出吼叫。

總之隨著資訊的逐漸增加，出現了和先前不同的矛盾狀況。這個矛盾很重要。

狗對我發出吼叫。

↓

主人出來，斥責狗說：「這個人沒關係啦！」

↓

狗不叫了。

在這一連串的情況之中，因為出現了與先前矛盾的狀況，所以進展到下一個階段的假說。這就是所謂的「辯證法」。

重視與自己先前所想的截然不同的資訊，而非是自己所深信的，這其實是我們在世上活下去的關鍵。

歷史學的情況也是如此。就是關於剛才提到的「客觀性」的問題。

比如即使是攻擊珍珠港，發動攻擊的日本，和遭受到攻擊的美國公民，雙方會思考的事便截然不同。

史實，歷史的事實，假設有這個形狀（寶特瓶），史實（寶特瓶）雖然只有一個，但觀看的視點和觀看者的解釋會因人而異。這是我們必須面對的棘手難題，對專業的歷史學家而言也是很困難的事。

日本與韓國之間因為歷史認識的問題，屢屢發生摩擦和糾紛。

這是殖民的一方（日本），和被殖民的一方（韓國）之間的問題，從雙方各自的視點來觀看，提出的解釋就會截然不同，因此不管再怎麼討論也很難達成共識。

在日本國內，也有人這麼說：

「雖然說殖民統治不好，但另一方面，日本在當時還很落後的朝鮮半島上修築水渠、建造水庫，讓朝鮮半島能收成稻米，不也為推動朝鮮半島的現代化做了許多事嗎？」

聽到這種說法的韓方反駁道：

「但是，當日本國內稻米不足時，便將因此而增產的稻米輸出到日本，不是嗎？朝鮮人就被迫吃雜糧。」

那麼，哪一方的說法是正確的……問題應該不在這裡。

關鍵在於，史實雖然只有一個，但是因為觀看的位置不同，就會得出迴然不同的說法。

這裡有幾點很重要。

倘若我們只想看對自己有利的史實，那麼看見的東西就會變得很少。我們必須要從雙方的利害和多重視點來觀看事物。不論是念書或是做學問，這點都是很重要的關鍵。還有接下來的這點真的很重要。不管是對自己有利的資訊，或是對自己不利的資訊，我們對兩者都必須認真看待。

以寶特瓶來說，不僅要從上面看，也要從旁邊看，還得從下面看，這個行為是很重要的。這不單限於像日韓關係這樣的民族國家之間的問題。即便是在日本國內，在歷史觀上也有地域對立的情況。譬如，薩摩和長州的人們所敘述的幕末維新的歷史，和被攻打、被喚為「賊軍」的會津和東北地區的人們所看見的明治維新的歷史，經常是截然不同的。

所謂的歷史，歸根結柢，就是理解他者。我們要盡量脫離自己，試著去理解生活在不同時空的人們的想法，如此一來資訊就會變多，客觀性就會增加，也就會加深我們對歷史的認識。

教科書只是「平均值」

磯田　現在的日本教科書上所寫的歷史，大致是以「日本人」為單位進行撰寫。因此，教科書當中也出現諸多不足之處。

（步下講台，拿起同學的教科書。）教科書請借我一下。

這裡，出現了律令國家[7]，還有分配口分田給農民的班田收授法[8]。不論是在鹿兒島縣或是北海道，日本全國都使用這本教科書。那麼，過去在琉球（現在的沖繩縣）也會分配口分田嗎？不可能會分配的，因為當時那裡是別的王朝。日本過去並不是只有一個王朝。直至明治初年，在琉球有琉球王朝，而且年號還是使用中國的年號。這是很複雜的問題，從中世、近世、近代，一直延續到現代，但卻是不爭的事實。

現在沖繩雖然是日本的一部分，但事實上甚至就連在鹿兒島縣，過去也有很長一段時間未曾施行班田收授法。

那麼當時是怎麼做的呢？

教科書上沒有寫，但薩摩和大隅（現在的鹿兒島縣），由於阿蘇和櫻島兩座火山噴發的火山灰沉積，原本水田就很少，稻米的收成量相當有限。

居住在當地的人們，被稱作「隼人」。因此律令政府設置了特別部門，名為「隼人司」。薩摩和大隅的男子很強健，因此他們被送到首都擔任宮廷守衛，為朝廷效勞。據說當時隼人們跳的樂舞的曲目之中，有一曲吟唱的就是現在的〈君之代〉[9]歌詞當中的一句：「萬世不變兮悠長」。

但是，鹿兒島縣的孩子讀了日本審定通過的標準教科書，就會深信：「啊！原來我們鹿兒島縣過去也施行班田收授法呢！」

＊譯注7　律令國家：日本仿效隋唐實行律令制度，於七世紀中葉以後逐漸形成律令國家，在奈良時代到達鼎盛，持續至十世紀左右的平安時代初期。
＊譯注8　班田收授法：日本於六四五年的大化革新之際，仿效唐代均田制而制定的土地制度。
＊譯注9　〈君之代〉：日本國歌。該句歌詞原文為「千代に八千代に」。

直至後來，即便是到了太閤檢地[10]之後的時代，鹿兒島縣的特殊情況也依然持續不變。我曾經在鹿兒島縣看過檢地帳[11]。那是很不可思議的檢地帳。

一般其他地方的檢地帳中記載的是田地的面積，但是在薩摩藩製作的江戶時代的土地調查簿本，記載的是柿子樹一棵，或是漆樹幾棵，然後對此徵稅。在我長大的備前（現在岡山縣的一部分），在江戶時代並未這麼做，因此我非常驚訝。找出柿子樹，記錄在帳簿上，然後徵稅，在備前並沒有這樣的制度。

除此之外，兵農分離[12]和一國一城令[13]的制度，在薩摩也沒有施行。在薩摩，構築了由近百座被稱為「麓」的支城[14]所形成的支城網，和戰國時代一樣，武士分散居住在農村地區。薩摩雖然成為明治維新的原動力，但為了讓教科書通用於日本各地，因此並未記載這些事。也就是並沒有針對鹿兒島縣而撰寫的教科書。

（邊將教科書還給同學）換言之，日本史的教科書，就是為了培養「標準的日本人」的工具，內容寫的是日本這個國家的「平均值」。

磯田家的「明治維新」

磯田　若教科書的內容是「平均值」，那麼在特定的地區和家族之中，也應該存有別的歷史。比方說雖然進入明治維新，但我們也不能一概而言地說，是變好或變壞。——試著思考一下，當時各位的曾曾祖父是得利還是吃虧了呢？

教科書當中才不可能寫到這種事。

可是，我小時候經常思考到這件事。這裡，我們先來談談，如果思考歷史的單位不是日本這國家，而是以自己的家族為單位的話，那麼又會如何？

＊譯注10　太閤檢地：即是豐臣秀吉於一五八二年至一五八九年，在日本全國進行的土地面積測量和作物生產量調查。
＊譯注11　檢地帳：記錄檢地結果的土地籍冊。
＊譯注12　兵農分離：豐臣秀吉透過檢地和禁止百姓擁有武器的〈刀狩令〉，以固定區分武士、農民、商人、工匠的身分階級政策。
＊譯注13　一國一城令：國，為日本古代至近世劃分行政區的單位之一。一六一五年，江戶幕府為抑制各地大名諸侯的軍事力量，下令要求一國只能保留一座城堡。
＊譯注14　支城：為保護本城而配置於各地的碉堡、諸侯宅邸，和設置於邊境監視外敵的小城堡等。

在明治維新的部分，教科書中雖寫著：「幕府軍敗於鳥羽伏見之戰」，但我實在很想知道，我的曾曾祖父那天做了什麼。因此，我就請祖母幫我找資料，於是偶然在家中發現了相關的古文書。那是以一天為單位而寫的日記，如果我能夠解讀日記的內容，應該就可以知道當時的事。（「啊～」傳來同學的聲音）

我是在小學的時候被告知，自己的家中存有古文書。我看到實物則是在國中結束時，在我高中一年級的時候，奶奶說：「你可拿回去房間」，因此我就開始解讀日記的內容。從那天起我就把學校的功課丟在一邊（笑）。因為我一心想著要讀懂日記的內容，就覺得哪裡還有空管學校的功課。

之後大約過了三個月，我就已經能夠讀懂相當多的內容，高中畢業時，我閱讀古文書的能力，大概已經和大學老師差不多了。能夠讀懂日記之後，我當然就又回到學校的功課上（笑）。

那麼，我知道了什麼事呢？

我的祖先，鳥羽伏見之戰的那天，人在岡山。然後，他好像收到幕府一方似乎戰敗的情報。

那時的岡山藩，立場很微妙。當時岡山藩的藩主是池田茂政，他出身於水戶的德川家，過繼為岡山藩藩主家的養子，因此實際上是將軍德川慶喜的弟弟。藩主是成為朝廷之敵的慶喜大人的弟弟，是一件棘手的事。就岡山藩的立場而言，勢必得支持勝利的一方，於是內部達成共識，決定派遣軍隊到京都，一起推翻德川幕府。

然後，當被詢問到要由誰前往時，率領僅由百名士兵組成的軍隊前往京都方面的人，好像就是我的曾曾祖父。（「哦！」傳來同學的聲音）

在我家的古文書當中雖未提及，但從其他史料中可以得知，當岡山軍朝東方前進，在越過有根峠的山巔時，與揮舞著錦旗的朝廷軍隊擦身而過。

然而，當時的武士必須自行負擔相當沉重的軍事費用。可是，當他們返鄉後，卻已士民平等，武士社會也已經開始逐漸瓦解。發給士族的年金，過不久也被終止了。我閱讀了自己家中的古文書後，也知道在那之後武士們變得多麼貧窮。我因為意識到這個問題，所以在日後，找到金澤藩的武士的古文書，研究之後，寫了一本書，名為《武士的家計簿》（新潮新書）。

在我家之中有我家的明治維新時的歷史。在各位每一個人的家中，也應該都擁有各自的「家史」。不過我們也可以說，大多數的人因為在學校學習到的是以國家為單位的歷史，於是便相信那是就「正確的歷史」。

接著，我們大約休息十分鐘吧？

總之暫時休息一下。

休・息・中・的・對・話

能鍥而不捨地追尋喜愛的事物是很幸福的

同學 那是什麼領帶啊？

磯田 啊，這個是魚君[15]送給我的（參見第十五頁的照片）。他上星期和我一起在濱松參加活動。

我是魚君的朋友。（同學齊聲尖叫）

同學 圖樣真可愛。

磯田 「魚君能在田澤湖發現秋田大麻哈魚，果然真的很了不起！」（模仿魚君的

＊譯注15 魚君：日本魚類學者，原名宮澤正之，在二〇一〇年發現具有秋田大麻哈魚的特徵的魚隻，後經進行DNA分析，證實就是一九四〇年在秋田縣田澤湖滅絕的秋田大麻哈魚（又稱國鱒〔クニマス〕），成為日本重新發現滅絕魚種的首例，同為魚類學家的明仁天皇特別公開感謝他的貢獻。雖僅有高中學歷，但在二〇〇六年獲得東京海洋大學延聘為客座副教授，更在二〇一五年獲頒名譽博士。

口吻）

同學　好像！好像！

磯田　之前，濱松因為是鰻魚產地，所以他們企劃了一項活動，由魚君和我兩個人談談鰻魚的不可思議之處。大家應該很想聽吧（笑）！

我最初遇到魚君時，心想：「他是演戲嗎？」不過，魚君真的很樸質，是一個表裡如一的人。

同學　哦～！

磯田　魚君也是全心全意為喜歡的事物而活的人呢！

他真的很了不起！

不論是魚或者是歷史都好，各位如果能擁有自己喜歡的事物，並且能夠鍥而不捨地追尋，那就是很幸福的事。

總之就是這麼一回事。我們是不是該繼續上課了呢？

我真的沒想到，自己居然會在女子高中模仿魚君（笑）。

歷史的「現場」

為何會出現不實史料

磯田　為了認識歷史和過去，就會需要「史料」。歷史學家之流，會閱讀史料並加以解釋。他們對史料的解釋，就成為歷史敘事。

換言之，由於歷史學家對史料的解釋，從而產生了歷史敘事，也就是關於歷史的書寫。還有一些人雖然不是歷史學家，也會閱讀史料，並且書寫或談論一些關於歷史的事。

經由這種形式而誕生的作品，並非只有歷史學家撰述的著作，也產生了歷史小說和歷史漫畫等等。於是人們經由閱讀這些作品而認識過去。

但問題是，史料當中會有一些相當可疑的內容。

如果史料當中記載的只有事實，當然不會有什麼問題，問題是其中也時常會記載著一些並非事實的內容。說來在某些情況下，甚至連史料本身都是不實的，捏造出來的。我們必須仔細玩味推敲這些情況。

爲什麼會留下錯誤的史實？比如下面這個情況。

我到山梨縣進行史料調查時，一些老屋經常會出現宣稱是由武田信玄[16]所賜予的「知行宛行狀」。這是獲得武田信玄賜贈領地的證明書，內容寫的大致是：「你們家族很優秀，也立下諸多功勞，所以賜給你們家這麼多領地。」

如果這些「知行宛行狀」全部都是真的也就算了，不過其中卻是混雜了大量偽造的證明書。

爲什麼會發生那種事呢？其實人們偽造證明書的理由是很重要的。

姑且不論偽造之事，這當中存在著一個問題：「爲什麼會出現那些偽造的證明書？」如果能夠究明這個問題，即便那些史料是不實的，也能夠成爲理解那個時代的線索。

話說江戶幕府末期，橫濱開港通商後，外國船隻前來。

外國商人想要的貨品是生絲。甲斐國（現在的山梨縣）是生絲產地，當地農家

*譯注16　武田信玄（一五二一～一五七三）：日本戰國時代著名武將，於一五四一年成為甲斐國的領主。

得知此事後，便飼養了大量的蠶寶寶；他們將蠶繭製成絲，帶到橫濱去，努力設法想將生絲賣掉。

倘若買賣成功，就算原本沒有家世背景的人，也能變得極為富裕，於是誕生了「生絲富翁」。然而，這類的人家，有時背地裡也會被稱作「暴發戶」，或是「一步登天者」，因此他們經常心懷遺憾。

這時候，或許是被諷稱為「瘦浪人」的，貌似窮困潦倒卻滿腹經綸的落魄武士之人，突然出現在他們的宅邸，對主人如此說道：

「貴府可真是繁榮興盛啊，想必是出自名門正宗吧！」

「不，不，沒這回事。我們不是什麼了不起的人家。」

「您太謙虛了。貴府看來絕非一般尋常人家。」

「這麼說來，我好像曾經聽過，我們祖先以前在戰國時代，曾經追隨侍奉過武田信玄麾下一名叫做某某的武將呢。」

「哦！原來如此。話說，東翁您這樣的大戶人家，是否會需要族譜之類的東西呢？」

「……」

「在下，名為〇野×兵衛。我能隨時為您準備族譜、家族源流之類的文書。」

「嗯～需要多少錢？」

雖然不曉得是否曾經出現過類似的對話，但到江戶幕府末期，出現了一些人，以販售所謂能為家門「鍍金」的假族譜，或是偽造古文書來賺取金錢。我看過太多這類專門替人偽造族譜的譜匠所製作的古文書。

就像這樣，人們製作出獲得武田信玄賜贈領地的不實文書，完成幾可亂真的族譜，不久，也形成了諸如此類的傳聞：

「雖然不輕易示人，但那戶人家似乎有來自武田信玄的書信。」

「那可真是了不起！」

不久到了明治時代，甚至還出現過，前面提到的請人製作不實文書的暴發戶，是否出馬競選縣議員的話題。因為如此一來只要說：「啊！那戶人家是曾經獲得武田信玄賜贈領地的名門正宗呢。」或許就能夠集中選票。

換言之，族譜和文書雖然是偽造的，但是偽造這些不實文書之人的經濟背景和心理，以及周遭對這些製作出來的不實文書的反應，卻絕對是真實的。換句話說，我們可以得知當時的時代背景，因為輸出生絲而誕生了新興富豪，這些新興富豪和他們所處的社會都對武士心懷憧憬，因此不惜偽造文書也想取得社會信用。

一手史料和二手史料

磯田　就像這樣，在種種過程中，許多並非事實的事物也被視為史料，混入歷史之中。因此我們必須仔細分辨推敲史料的內容，稱為「史料考證」。

這不只限於歷史學。

即便是妳們平日閱讀的新聞報導，內容也未必完全真實。因為有可能是某人基於某種意圖刻意放出的流言。現在這個時代，甚至連美國總統都會在推特上任意發表言論。世上到處充斥著真真假假的大量訊息，而各位正行走於其間。

比方說，假設有個藝人正和某個女演員在交往。為了否認這件事，有時經紀公司也會刻意放出別的消息。如果講談社出版的周刊寫了這個消息的話……（笑）。不論是講談社、文藝春秋，或是新潮社，他們在刊登報導時應該都相當苦惱。

不只是媒體，許多與我們更切身相關的事物也是如此。

例如食品安全衛生的問題，各位應該也會很煩惱吧？這種食物當中會不會含有奇怪的混合物呢？添加物真的對人體無害嗎？工廠的生產管理是否嚴謹呢？製造食品的公司、輸入食品的企業應該會說：「是安全的」；而無法完全相信這個說法的人，則應該會舉出食品不安全的證據。因此，仔細研判內容，也就變得相當重要。

然後，「史料考證」之中，有外部考證和內部考證兩種。

所謂史料的外部考證，即是研判史料本身的真偽。其次，即便史料是真的，當中的內容也有可能是假的，這也必須加以查證。確認史料當中記載的內容有沒有問題，是否可靠，這就是內部考證。

有一種傳話遊戲。最初轉述的內容原本是鉛筆，但經過數人的傳話之後，也許就會變成原子筆，或是變成紅筆。在古文書之類的史料之中，也會發生同樣的情況。因此，原則上，在那個時代遭逢該事件的當事者，或與當事者關係相近的人物，他們所撰寫的書信和文書，我們大致可視為是可信度高的史料，應當優先考慮。這稱作一手史料。

比方倘若是織田信長被迫自殺的本能寺之變，置身於事件之中的當事人，在接近天正十年（一五八二）六月二日的時間點，寫下的信件內容之類的古文書，我們姑且可視為是接近真實的史料來加以檢視。

其次，還有閱讀或聽聞一手史料後製作而成的古文書，這就是二手史料。一般而論，二手資料的品質都不會太好。因為說不定會變成傳話遊戲，內容在傳遞的過程中逐漸變質。

某人記載了從他人處聽來的傳聞。看見那份記載的人說：「在這本書中是這麼寫的。」——也就是未經查證即盲目引用——在轉述的過程中，內容會逐漸變得跟當初不同。就像臉部照片多次影印之後，臉也會變形吧？

啊，對了！我也曾經對自己的小孩這麼說明——這堂課的題外話還真多（笑）！

我曾經被小孩問到：為什麼會有雄性和雌性呢？當下我立刻取出影印機，用影印機一次又一次不斷地重複影印同一份文件，讓他看到文字在複印過程中逐漸變形的情況。同樣地，人類如果雄性和雌性不互相混合，平衡設計圖，長此以往，素質就會逐漸劣化，變得不堪一擊。所以，如果不採取讓兩種不同性別混合以取得設計圖的方法，生物或許有可能就會滅絕。

那麼，為什麼性別是兩種呢？這我就不知道了。總之就是兩種。或許在浩瀚的宇宙之中，說不定存在著擁有三種以上性別的星球，但那我就不清楚了。我這麼跟小孩說明了為什麼會有兩種性別。

總而言之，影印再影印就不太好。二手資料、三手資料，變成傳話遊戲就慘了；

由此可知，原則上我們在面對二手史料時一定要謹慎。

「現在才能說」的事

磯田　不過，雖然我剛剛這麼說，但果真這樣就可以了嗎？一手史料最正確的想法，真的沒有錯誤嗎？

各位請稍微思考一下，未必全然如此吧！

世上到處充斥著，事過境遷之後，「因為現在，才能說出真相」的事。

對歷史學稍有涉獵的人，經常會說：「因為是一手史料，所以是正確的。」但是我認為必須要小心這種將一手史料視為絕對真理的主張。

有所謂「不願面對的真相」。

比如當豐臣秀吉處於權力頂點之際，人們就很難談論，他還是個無名小卒、尚未出人頭地時的事。

「現在雖然這麼不可一世，但當年那傢伙……」

一旦人們說出這類的話，難保不會遭到懲罰。

實際上，若是我們僅追查同時代的史料，雖是秀吉侍奉織田信長以後的事，但可以發現記載了秀吉正在下圍棋的史料；這是可靠的史實。另一方面，關於在此之前的秀吉——在他還叫做日吉丸或是木下藤吉郎的時期——則缺乏可信度高的史料。可是我們能因此就說，秀吉不是農家之子，否定一切的記載嗎？

或許有些歷史敘事在談論秀吉的人生時會較為保留。從史料來看，秀吉的腦筋很好而且會下圍棋，最初是以信長家臣的身分，突如其來地出現在京都一帶，因此關於秀吉在此之前的記載，是真是假，終究還是無從得知——雖然我們也可以抱持這種消極的立場，但如此一來便無法逼近歷史真相。

話說，有一本名為《太閤素生記》的書，有時也寫成《太閤素生之記》。

「太閤」，是援引中國的典故來稱呼前任關白[17]。雖然每一位前任關白都是「太閤」，但是一般提到「太閤殿下」指的就是豐臣秀吉。

還有其他相同的例子，如「黃門」是以唐代的職官名來稱呼擔任中納言[18]一職者。不過，雖然有許許多多的中納言，但在日本因為受到電視的影響，提到「黃門」則大多專指德川光圀[19]，也就是水戶黃門。

話題稍微扯遠了，讓我們回到正題吧。

從前，遠江國（今靜岡縣西部）的濱松附近，有一座名為引間城的城堡。引間城的城主飯尾豐前守[20]，有一個女兒名為姫茶（キサ）。這位權貴之家的公主，小時候曾親眼目睹，默默無聞的豐臣秀吉來到引間城的情景。

那麼，當時的秀吉是何種模樣呢？

「引間的旅店，來了一名『面貌奇特』的少年。他最初是賣針的小販……。渾身髒兮兮的，臉長得很像猴子，人家丟栗子給他，他就會模仿猴子吃栗子的動作，因此深得眾人喜愛。讓他把身體洗乾淨，換上舊的窄袖便服和袴褲，模樣看起來還過得去，於是就被一戶姓松下的豪門給雇用了。」

《太閣素生記》中是這麼寫的（笑）。

姬茶相當長壽，似乎活到八十歲左右。換言之，豐臣氏因為大坂之役[21]而滅亡後，她還活著。因此她才能誠實說出這些事。

這本《太閣素生記》中，記述了種種關於秀吉前半生的資訊。如他出生在尾張國[22]的中村，曾是極為貧窮的農民，因為與母親再婚的男人相處得不好，所以領取了「父親的遺產一貫永樂錢」的一部分，在尾張國的清洲做了棉衣，並採買了針沿途販售，一路向東方前進。

＊譯注17　關白：日本古代職官名，自平安時代起，成為輔佐天皇執行政務的最高官職；語出自《漢書•霍光傳》：「諸事皆先關白光，然後奏天子」，本爲陳述、稟告之意。
＊譯注18　中納言：日本古代職官名，因職務類似於唐代門下省次官黃門侍郎一職，故又有「黃門」之稱。
＊譯注19　德川光圀（一六二八～一七〇〇）：江戶前期水戶藩的第二任藩主，接掌權中納言的職位後，被稱為水戶黃門，曾著手編纂《大日本史》，禮聘明朝遺臣朱舜水。
＊譯注20　飯尾豐前守：即飯尾連龍（?～一五六六），日本戰國時代的武將。
＊譯注21　大坂之役：江戶幕府與豐臣家之間的戰役，包含一六一四年的大坂冬之陣和一六一五年的大坂夏之陣兩場戰役。
＊譯注22　尾張國：今愛知縣西部。

不過，《太閤素生記》並不是一手史料。不是姫茶本人所寫，也不是同時代的紀錄。而是姫茶的孫子，在姫茶過世前幾年，聽她述說這些往事，然後記錄下來。

可是，我覺得這份史料的可信度相當高。

因為可以清楚知道說出這些內容的人是誰，為何她會知道那些事也很合理，沒有任何牽強之處。

倘若我是姫茶，在豐臣政權瓦解之前，應該也不可能說出真相。

確實有些事得要「現在才能說」，由此可知，對歷史而言，時代稍晚的回憶錄之類的，也是很重要的史料。

一切都能成為史料

磯田　這裡，我想再更深入談談關於史料的事。

聽到史料一詞，各位首先想到的應該會是紙類資料吧？如古文書和古紀錄。各位知道古文書和古紀錄有何不同嗎？

日記就是古紀錄。古紀錄，包括日記和備忘錄等等，基本上指的是，書寫者在記錄時並未假想特定傳達對象的文字史料。

另一方面，有寄信者和收信者的文字史料，則稱為古文書。不過，廣義上會將古文書和古紀錄合稱為古文書。至於多久之前的文字史料會稱作古文書呢？大體上我們會將江戶時代以前所寫下的紙類史料稱作古文書。

但是，史料應該不只這些吧？比如要調查沒有文字的社會時，就要依賴考古遺物。

我們就來說說，如何以考古遺物作為史料進行歷史闡釋。

打個比方來說，雖不甚吉利，譬如就假設大海嘯侵襲這裡，或是富士山的火山大爆發，我們瞬間全部被都掩埋了，然後，在一千年後被挖掘出來，那麼能夠知道哪些事呢？

可是，日本的土壤屬於強酸性，所以大致約莫五百年或七百年，骨頭就會溶解在土壤中。不過，在這附近的鎌倉材木座遺跡也出現了中世紀[23]的人骨，埋在這一帶的話，說不定千年後骨頭還會殘留下來。

前方有個像是平台的物體，上面躺了一具推估可能超過四十五歲的男性遺體，就是我（笑）。只有一具男性遺體，另外還有幾十具女性遺骨，年紀推估是在十五歲到二十歲之間。

從這當中可以推測出哪些事呢？

伴隨人骨出土的遺物當中，有行動電話。這對確定年代而言，應該是相當有力的證據。行動電話很快就會推出新款式。我的行動電話剛換，是二〇一九年春季推出的型號。

大概只要幾個月，考古學者們即便不使用科學分析技術，應該也能夠查出答案。就算這支行動電話完全生鏽，他們也能夠查出是二〇一九年春季推出的型號。

因此應該也就會得出一個結論：這場災害推測發生在二〇一九年春季的可能性相當高。從遺物形式變化的情況來推知年代的方法，稱作「類型編年」，已成為考古學研究的一項利器。

其次，考古學者可能也會想到以下的情況：可以看出應該只有一個人站在像是平台的物體上，旁邊放置著推想可能是電腦的物品，還有往這個方向投影的鏡頭，因此那個人可能是在這裡投影某種資料，不就像是正在跟還年輕的孩子們授課的模樣嗎？後面位置上的人骨，是成人，而且好像持著攝影機正在進行拍攝。因此他們應該會推論出，這會不會是一堂教學研究課程。

換言之，從知道遺物的位置關係，就能夠推測出這些情況，這就是考古學。以遺物作為史料，從物與物之間的位置關係，便能夠還原肉眼看不見的，同學們和我之間的，無形的人際關係或社會關係，這就是考古史料的厲害之處。因為是以遺物

＊譯注23　中世紀：在日本史上，一般指的是從十二世紀末鎌倉幕府成立，到十六世紀末室町幕府滅亡為止。

作為史料的緣故。

更厲害的是繪畫史料。比方說，假設現在喀嚓地拍了張我的照片。於是分析那張照片後，判明磯田道史的領帶，上面的圖樣是魚君的畫作，而且是一般市面上買不到的商品。

換言之，也就是甚至會推測出，磯田道史先生跟魚君很可能是朋友，而且還是會獲贈領帶的關係。由此可知，繪畫具有與文字相同的功能，所以繪畫史料的威力是很強大的。因此繪畫和照片也都能成為史料。

到了近代，還有錄音帶。雖然速記人員現在正在那邊努力幫忙做紀錄，但錄音帶是很重要的史料。此外在現代更有影像紀錄，也是相當強而有力的史料。史料不是只有古文書而已。到了近現代，有些歷史的活證人尚且在世，因此還可以透過訪談取得新的史料。

比方百年後，倘若取得便利商店的監視器所錄下的影像，應該也有可能根據影像的內容展開某種歷史敘事。

百年前的便利商店的監視器錄下的二十四小時的影像，突然出現在倉庫的角落。倘若影像能夠重現，請各位試著思考一下，以這些影像作為史料，我們能夠從事何種歷史研究呢？

譬如，假設從影像畫面中的客人的制服，判斷出那是在鎌倉女學院附近的便利商店錄下的影像。於是，我們說不定可以知道，購買哈根達斯（的冰淇淋）的機率是百分之幾，或是購賣杯裝薯條的人比較多之類的事（笑）。

從影像中也發現，鎌倉女學院的同學染髮的人數比其他學校少，或許也可由此推知，校規大概很嚴格（笑）。相比之下，〇〇高中的校規是不是比較寬鬆呢？透過分析，我們應該也能看出，無法直接以肉眼看見的，學校的校風和經營方針等等。

雖然我們無法知道同學們戴隱形眼鏡的比例，但可以得知戴眼鏡的比例，也可以知道大家背的包包的類型，最清楚就是消費行為。當時在收銀機旁邊，似乎會販售肉包、關東煮，和雞肉類熟食，似乎也還會販售香菸……。

如同這樣，甚至連便利商店監視器錄下的影像，從社會史、文化史或食品史之類的角度看來，也都能成為史料。為後世留下紀錄，是很重要的。我們可以從當中明白各式各樣的事。

擁有文字的人與沒有文字的人

磯田　可是，史料也有其限度。

話說回來，古文書……這點其實很不好（笑）。我覺得歷史學中最令人厭惡的部分，就是經常會流露這世上僅是由留下證據或史料的人所構成的想法。

這是怎麼一回事呢？我們就來稍微說明一下吧。

譬如，假設各位的日記留存下來，又或者是政治家的日記留存下來。我們歷史學者看了政治家的日記後，會以論文寫出這個人過去曾經有過這樣的事。但是，我想請各位試著思考一下。會被以文字留下紀錄的事物是有限的。

今天鎌倉女學院放榜。這大概會被寫下來，以日記史料的形式留存。

今天，某個年輕男孩向自己表白。這大概也會留下紀錄，不過，說不定也有人會刻意不寫（笑）。被父母、兄弟姊妹，或是旁人知道了會對當事者帶來困擾的事，沒有被記錄在日記史料中，未流傳於後世，於是就會被視為不曾存在。有些時候，重要的事是不會被寫下來的。

結婚了，這大概會寫。出席結婚典禮，這也會被記錄下來。因為公開且無須保密的事情，比較容易被寫下來。

可是，今天去了三趟洗手間，這大概不會寫吧（笑）。今天喝了五口寶特瓶的水，這大概也不會寫。

總而言之，像結婚之類的，能夠公然談論且非日常生活中會發生的特殊情況，比較容易被記錄下來。另一方面，太過貼近日常生活的事情，如上洗手間、喝水，這些對當事者而言不過是一些瑣碎小事，就不會被記錄下來。

所以，根據只記錄非日常的特殊情況的史料來書寫歷史，便會淪為僅敘述特殊情況的歷史，也就無法了解日常生活的歷史。

還有，擁有文字的人會被記錄下來，但沒有文字的人就不會被記錄。這個問題是歷史學無法擺脫的宿命。

新的歷史學逐漸注意到這個情況。

在古老的時代，有多少人能夠閱讀文字呢？讓大家看一下，這是根據義大利經濟史學家契波拉（Carlo Maria Cipolla）的研究所整理出來的數據，是一八五〇年時歐洲各國的識字率，也就是能夠閱讀文字的人數比例。

瑞典……百分之九十
普魯士……百分之八十
蘇格蘭……百分之八十
英格蘭……百分之六十五～百分之七十

法國……………百分之五十五～百分之六十
奧地利、匈牙利……百分之五十五～百分之六十
比利時……………百分之五十～百分之五十五
義大利……………百分之二十～百分之二十五
西班牙……………百分之二十五
俄羅斯帝國………百分之五～百分之十

普魯士是位於德國東北部的王國，蘇格蘭和英格蘭兩國則與威爾斯、北愛爾蘭共同組成聯合王國（英國）。

從這份數據可以看出各國之間的識字率差距甚大。全世界的人類之中，僅有西北歐地區的人們識字率特別高。因此他們的國家也率先現代化。他們與和自己語言近乎相同的人們，因為民族之類的連結而凝聚，建立民族國家，進而殖民未能現代化的人們。

歐洲越往北方，由於新教徒越多，能夠閱讀文字的人也隨之增加。因為新教徒強烈傾向不透過教會，而是自行研讀聖經，直接與神溝通。此外，歐洲越往東方，無法閱讀文字的人也就越多。因為當時歐洲有一種農奴制度，越往東方，農奴越多，而農奴無法到學校學習文字。

那麼我們日本過去的識字率又是如何？

近年，美國教育史學者理查．魯賓格（Richard Rubinger），調查了日本的識字率。他調查的是一八九〇年的不識字率（區域性差異），因此也就是明治二十三年。果然也因為區域不同而有所差異。

即便進入明治中葉，在日本仍然有一些地區，大部分的女孩都還是無法閱讀文字。例如，可以知道鹿兒島縣（薩摩）的女性，到了明治二十年代，仍只有百分之五的人能夠閱讀文字。

另一方面，滋賀縣（近江國）的男性，則有百分之九十的人能夠閱讀文字。一般認為滋賀縣的男性，百分之九十的人大概從江戶幕府末期開始就能夠閱讀文字；但是鹿兒島縣的女性，百分之九十五的人無法閱讀文字的狀態，卻持續到明治二十年代。

那麼，居於兩者中間的數值又是如何呢？若是男性和女性合併計算的話，全國平均成人識字率大概是百分之四十。日本在江戶幕府末期的識字率，與歐洲各國相比，應該是高於義大利，低於比利時。

若是像俄羅斯帝國那樣的社會，原本具有閱讀書寫能力的人口比例就低於一成，因此雖然王公貴族或政治家會留下紀錄，但一般人就沒有辦法留下紀錄。

如此一來會出現怎樣的情況呢？與稅金和權利相關的事物很容易留下紀錄，但其他的事物就不會留下紀錄。比方說，就會很難了解當時一般人在想些什麼。

不過，有一些學術研究會嘗試著去理解沒有文字的人的社會，像是被稱作文化人類學或民俗學的領域。倘若我們想聽到沒有文字的人們的事情，現在，只能訪談那些人們還活著的子孫，或是以觀察他們過去的習慣、行為、傳說之類的方式去接近他們。這就是民俗學或人類學所使用的研究方法。

我雖然對民俗學也很感興趣，但因為沒有時間，所以無暇顧及。這對理解無文字社會的人們而言，是一門很重要的科學。各位當中倘若有人願意以此作為志向，我會感到很欣慰。

「日本」是由布偶裝創立的？

磯田　哎呀！大家有點昏昏欲睡了嗎？天氣太熱了。

那麼，這邊我們不如就來進行一個有趣的題目。讓各位看看也能夠以這種方式來敘述歷史。

題目是：「日本布偶裝史」。

歷史有各式各樣的切入點。今天，我們就試著以日本人與「布偶裝」的互動關係為觀點，從現在開始進行十五分鐘的日本史的迷你課程。

這幾年，吉祥物和造型布偶裝在日本蔚為風潮。甚至還有各地吉祥物形成激烈競爭的「吉祥物大賽」。我在協助濱松市推行造町運動時，也曾參加為了幫助吉祥物「出世大名　家康君」爭取大賽冠軍的宣傳造勢活動（笑）。

那個話題暫且略過，這是日本最早的面具（圖1）。

在那之前，我們必須先定義布偶裝和面具的差異。姑且，我們就將頭部造型，覆蓋到頭部後方的視為布偶裝，若只是遮住臉部則視為面具。因此這個是面具，僅是在拖鞋牡蠣的貝殼上挖出眼睛的洞而已。這個面具是繩文時代中期的文物，因此距今約莫已有六千年至七千年，是在熊本縣發現的。

在這之後，出現了以泥土製作的，更

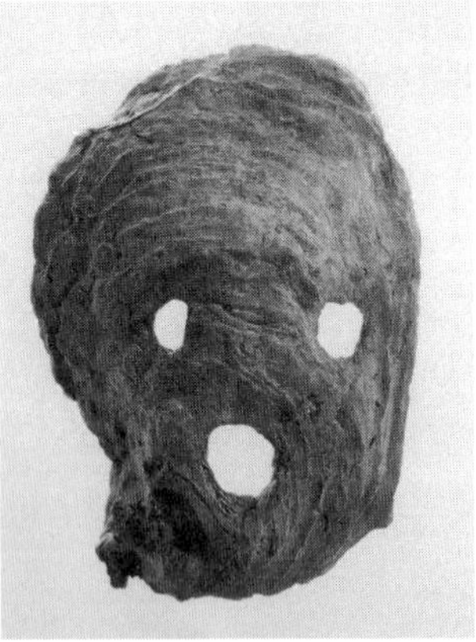
圖 1

圖 2

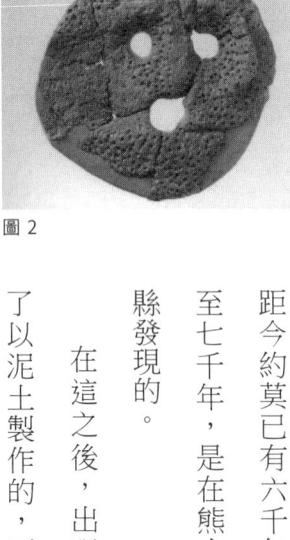

圖 3

圖 4

精良的土製面具。

最古老的土製面具（前頁圖2），出土於德島縣，大約是四千年前的文物。當時大概是戴上這種面具，在祭典或某種場合中使用。面具的造型明顯逐漸貼近人類的樣貌。

接著到了繩文時代的西元前三千年或西元前兩千年左右，則出現了極度寫實的面具。

進入繩文時代晚期，也出現了以黏土捏出人的臉形後，在眼睛和嘴巴的位置挖洞，清楚加上鼻子造型和眉毛，並燒製而成的面具（圖3）。

於是，到了彌生時代，則出土了可以確定是日本最早的布偶裝相關文物。

從岡山縣總社市的上原遺跡出土了，完整覆蓋至頭部後方的土製人面文物（圖4）。

這究竟是什麼呢？

應該是雞。（「咦？！」傳來同學的聲音）

閱讀《古事記》或《萬葉集》時，可以發現古人似乎認為，人的靈魂會化為鳥兒返回山中。雞也相當受到古人的重視。雞會喔喔地啼叫，劃破黑夜喚醒黎明，所以被認為能夠驅魔，驅逐黑暗。在我們稱之為鳥居的地方，過去真的有飼養雞，就在被視為神域的結界前方。因為古人認為這種會「喔喔喔！」（模仿雞鳴）啼叫的生物是神的使者。

接著，這個史料很有意思。

這個奇特的土器，出土於清水風遺跡。清水風遺跡緊鄰位於奈良盆地正中央的唐古・鍵遺跡的南方，相當靠近被視為是邪馬台國[24]宮殿遺跡的纏向遺跡，也被認

＊譯注24　邪馬台國：根據《三國志・魏志倭人傳》的記載，是日本在西元二世紀後半至西元三世紀前半最強大的部落國家。

為極有可能是大和朝廷的誕生之地。附近還有據說是卑彌呼[25]的墳墓的箸墓古墳，以及被視為是公認確實存在的古代大王崇神天皇（第十代）的陵墓的古墳。

這個部落應該也相當重視象徵，在大量出土的被稱作繪畫土器的文物中，有一件描繪的圖形怎麼看都像是薩滿穿著鳥造型的布偶裝在舉行祭祀的模樣（★）。

薩滿，就是掌管祭祀的巫覡。卑彌呼雖然被稱作女王，但大概更像是一位偉大的薩滿。我認為彌生時期的薩滿在舉行祭祀時的表演應該相當吸引人。

當時大概會讓女巫穿著鳥造型的布偶裝，做出靈魂回歸深山，去了又回的情景，舉行「視覺化」的祭典（★）。

於是我們也可以認為，穿著布偶裝舉行的祭祀，在彌生時代末期受到重視，並且在這種狀態下，誕生了古墳時代[26]初期的強大王權。雖然我們不清楚那個王權與現在的皇室之間是否有血緣關係，但若說得極端些：「日本，說不定是由布偶裝創立的國家呢！」光如此想像，便充滿了樂趣（笑）。

從練供養到熊本熊

磯田 之後過了許久，這次是從大陸傳入了伎樂面[27]。進入奈良時代，像是到了聖武天皇[28]時，就出現了如由層層堆漆製作而成的乾漆面具，那些伎樂面目前仍收藏於正倉院。

從這時期開始，佛陀和佛經的世界，持續不斷被加以「視覺化」。一千年前，出現了一個叫做源信（惠心僧都）的人，他開創了一種稱為「練供養」的佛教法會，

＊譯注25 卑彌呼：西元三世紀中葉時統治邪馬台國的女王。
＊譯注26 古墳時代：大約從西元三世紀後半持續到西元七世紀。
＊譯注27 伎樂面：為演出伎樂時所使用的面具。伎樂是日本古代假面音樂舞蹈劇，為日本最早的外來樂舞，消失於平安時代末期。
＊譯注28 聖武天皇（七〇一～七五六）：篤信佛教，在奈良興建了東大寺。收藏大量聖武天皇遺留的珍寶的正倉院即位於東大寺內。

★可參考唐古・鍵博物館「TATEKA 的大冒險」——彌生的祭典篇，影像中有土器繪畫與重現穿著鳥裝舉起雙手的薩滿。（田原本町役場，二〇二一）

簡單地說，就是穿著各種菩薩造型的布偶裝列隊遊行。練供養最早始於比叡山，之後傳播到各地。其中，又以在源信的故鄉奈良縣的當麻寺舉行的練供養，最為聞名（★）。

平安時代的識字率還很低，一般人沒有能力閱讀佛經，而且即便是聽了佛經也不懂其中含義。更重要的是，紙在當時極為珍貴，甚至有些人一輩子都不曾見過白紙。

於是，源信想到了演戲。與其講經說法，宣揚觀音菩薩等諸佛，自西方淨土前來，欲拯救眾生，引領眾生前往阿彌陀佛所在之處的佛法教義，不如穿扮成菩薩的模樣搬演給眾人看，這樣最容易讓一般人理解。他大概是認為「百聞不如一見」吧。

源信會想到要這麼做是有理由的。

事實上是因為他母親對他吟唱了這首和歌。

盼成渡後世之橋

悲夫竟成度日僧

母親對兒子說：「我將你養育成人，是盼望你能成為一座渡眾生前往極樂世界的橋梁，沒想到你卻將當和尚作為餬口度日的手段。這實在令我太傷心了！」

我希望大家在考慮從事何種職業之際，也能稍微多思考一下。

為了生活而就業，並不是一件壞事，我也是以學者的工作維持生活。

不過，如果只為了自己和維持生活而工作，大概也會很無趣。工作的意義也很重要，我們在工作的同時也需思考，自己從事那份工作，有什麼可以讓世上變得更好、讓大家過得更好的地方嗎？還有，讓大家過得「更好」的「更好」，又該以什麼為基準呢？我認為這是需要時時思考並且終生學習的課題。

★當麻寺的練供養，可參考當麻寺護念院官方網站上的活動影像紀錄。

其次是能劇面具的登場（★1）。各位大概沒看過能劇面具的背面吧。能劇面具背面的構造可以參考左頁 QR code。能劇是日本中世紀的一種表演藝術，其原型完成於室町時代。

接下來就是狂言。狂言是一種穿插在兩幕能劇之間演出的喜劇。在狂言世家，不論是茂山家或是野村家都一樣，所有的人最初在扮演兒童角色時，都會戴上猴子面具，穿上猴子造型的布偶裝，從演出《靭猿》開始（★2），也就是穿上猴子造型的布偶裝，學猴子吱吱叫。所有誕生在狂言世家的孩子，每一個都是這樣起步的。然後當他們到了差不多是大學生的年紀，就會演出《釣狐》。在這齣戲當中，也是全身穿著布偶裝，他們必須在布偶裝之中演繹出悲傷的情緒，可謂是狂言師的畢業論文（★3）。當然，在那之後他們也必須持續不斷精進演技。

如此想來，日本的布偶裝文化，果然是歷史悠久且根深蒂固。

然後，在江戶時代則流行歌舞伎，而歌舞伎的演出之中也有布偶裝登場。這就是歌舞伎的老鼠。在《伽羅先代萩》的〈床下之場〉這場戲中，仁木彈正施展妖術瞬間變身成老鼠，但還是被忠臣荒獅子男之助以鐵扇制伏（★4）。這齣戲的情節，是取材自俸祿六十二石的仙台藩藩主伊達家的家族爭權風波。

到了江戶時期，不只是歌舞伎一類的舞台演員，就連一般外行人也會穿著布偶裝。有一幅祭典的畫作（★5），是廣重[29]畫的〈東都名所　高輪廿六夜待遊興之圖〉，畫中有一個穿著章魚造型布偶裝的男子。可見在江戶時代，就已存在著延續至今的布偶裝。江戶時代可真是很有趣呢！

就如同我們在這幅畫中看到的，江戶文化——不，是文明——最精采的地方，正在於豐富的「娛樂文明」。我認為，這說不定會成日本在人工智慧時代的潛力。

*譯注29　歌川廣重（一七九七～一八五八）：活躍於江戶時代後期的浮世繪畫家，以風景畫聞名。

★1 江戶時代（十七世紀）能面　小面　「天下一河內」烙印　金春家祖傳的正面與反面

★2 《靭猿》可參考〔豆腐狂言茂山千五郎家〕官方網頁。

圖 5

此外我們還可以知道，穿著布偶裝表演的主體，從薩滿↓天皇保護下的寺院↓表演藝人↓業餘者，逐漸產生變化。從中我們也能夠看出，肩負文化使命的主體，隨著時代的變遷，逐漸從與王權或宗教相關的人士，轉變成世俗的專家，到了江戶時期更移轉到庶民身上。在娛樂方面，如此充滿豐富創意且饒富趣味的文明，可謂絕無僅有。

江戶時期不僅沒有戰爭，且在封閉的列島中形成了以農業為主的社會，居住人口密度甚高。

同時期的北京，人口略超過百萬，當時中國的人口超過三億人。日本的人口則是三千萬人，是中國的十分之一，但卻擁有江戶這座幾乎與北京同等規模的百萬人都市；人口集中於最大都市的密度是中國的十倍。當人聚集時就容易誕生文化和文明。都市形成後，人就會尋找娛樂。於是當時的人們就在浮世繪和章魚布偶裝之中找到了樂趣。

即便進入昭和初期，人們也還是會穿著布偶裝演出。這是關東大地震後舉辦「復興祭」時的圖畫明信片（九十四頁圖5）。不過，我感覺江戶時期的布偶裝似

★3《釣狐》可參考〔豆腐狂言茂山千五郎家〕官方網頁。

★4《伽羅先代萩》可參考〔一般社團法人　傳統歌舞伎保存會〕官方網頁（給小學生的歌舞伎體驗教室）。

★5 歌川廣重〈東都名所　高輪廿六夜待遊興之圖〉中有穿著章魚造型布偶裝的男子

乎略勝一籌。

在現代，也有與民俗相關的布偶裝，就是秋田縣的「生剝鬼」。「有沒有愛哭的小孩啊～」，當以這種裝扮出現時，小孩肯定是會哭的（笑）。

接著到了近代，則有在特效電影中登場的布偶裝。圓谷製作的《超人力霸王》，堪稱是位居世界之冠的布偶裝電影。超人力霸王的臉部造型和能劇面具很像（笑）。穿成那樣居然還能夠活動自如，大家不覺得很不可思議嗎？我覺得全身包裹在布偶裝裡面的特技演員和女演員，真的很了不起。

其次就是在各地的造町運動中開始使用布偶裝。這在平成時代末期相當流行。最具代表性的，就是連天皇陛下（現在的上皇陛下）也見過的「熊本熊」。

皇后陛下（現在的上皇后陛下）曾經問道：

「在熊本熊裡面的人，是一位嗎？」

熊本縣的知事恭恭敬敬地回答道：「熊本熊就是熊本熊。」（笑）宛如迪士尼樂園的工作人員會說出的巧妙回答。

不過，布偶裝也引發了意外事件。

在群馬花卉公園，有位角色表演秀的布偶裝演員，不知是否因為中暑而昏倒，後來就過世了。最近，在大阪府的「枚方公園」，也發生了布偶裝特技演員死亡的意外事件。各地的布偶裝都訂定有相關借用規則，大多數的地方都規定，在烈日之下穿著布偶裝不可超過十五分鐘。（「嗄？！十五分鐘！」傳來同學的聲音）

沒錯，各位在打工時若是遇到需要穿著布偶裝的情況，請千萬不可超過三十分鐘！在夏日的豔陽下則最多不能超過十五分鐘。

以上就是關於布偶裝史的概略敘述，即便僅試著以布偶裝為題目，也可能開展出這樣的歷史敘事。從面具和布偶裝的照片，我們也能夠在某種程度上，窺見肉眼看不見的社會背景和人的內心。如同我以布偶裝為例，從某個切入點來觀察社會和人心，就是現代歷史學的意圖和目的。

時代小說的描寫

磯田　一方面有嚴肅的歷史研究，另一方面也有平易近人的歷史小說。實際上，各位是透過何種管道來培養自己的歷史觀呢？或許不用想得那麼嚴肅，譬如大家是從何處獲得關於江戶時代的印象呢？我想，時代劇和歷史漫畫的影響應該很大，說實在的，從教科書當中得到的恐怕並不多。我不認為一般的日本人會透過歷史學者寫的書來形成自己的歷史觀。

現在不一樣了，在我小時候，在大多數的歷史漫畫中，聖德太子[30]都被畫得相當英俊，蘇我馬子[31]則是一個極為惡劣的大壞蛋。因此，與皇室連結的聖德太子是正派的好人，反派的馬子則是狂妄自大的逆臣；這種意識不知不覺之間就烙印在我的腦海中。

無意識是很可怕的，這不過是其中一例。然而，比起歷史研究，小說或電視劇之類的作品，對一般國民的歷史觀的影響或許反而更為巨大。

從歷史研究到時代小說，我們可以試著根據作品內容接近史實的程度，排列出以下的順序。

歷史研究 ← 史傳文學 ← 歷史小說 ← 時代小說

依據這個順序，作品的內容雖然逐漸脫離史實，但娛樂性反而逐漸增加。

＊譯注30　聖德太子（五七四～六二二）：輔佐推古天皇攝政二十餘年，對內推行改革，對外與隋唐建立外交，如定佛教爲國教，興建佛寺，註釋佛教經典，制定一系列典章制度，採用曆法，編修國史，派遣學者及僧人入隋唐學習引進大陸文化等等，備受後世推崇與愛戴。

＊譯注31　蘇我馬子（？～六二六）：與聖德太子同時代的豪族領袖，權傾一時。

如同我從前面就一直提到的，所謂的歷史研究，是專業的歷史研究者以史料為基礎，深入研究史實後，進一步解釋史實並加以呈現的著作。然而，其中經常會出現許多枯燥乏味而無趣的作品，這也是事實。最重要的是，很多著作當中都無法看出人物的生存樣貌。

我對這點也深感苦惱。在根據史料仔細探究史實的同時，我也想寫出讓一般人讀來覺得有趣的作品，這實在是一件很困難的事。但我抱持著這樣的想法，寫出了《武士的家計簿》、《無私的日本人》（文春文庫）等作品。幸運地，這兩部作品都被改拍成電影，獲得讀者和觀眾的青睞，因此能夠將史實介紹給更多的人；今後我將繼續摸索努力。

其次，是史傳文學；因為是文學自然會描寫人物的生存樣貌，可內容卻極為貼近歷史和史實。教科書中出現的史傳文學作品之中，有森鷗外的著作。森鷗外原本是醫生，因而鷗外的史傳文學在寫法上極為貼近史實。

可是，鷗外的作品，如〈舞姬〉是小說，史傳作品到《高瀨舟》為止，讀來都還算愉快，但再接下來的作品，就越寫越細碎繁瑣，越發難以理解。例如《澀江抽齋》，說實在的，連我這樣的歷史學者讀來也覺得無聊，因為作品中對史實細節的描述實在太過詳盡了。

文學之中還有所謂的歷史小說。歷史小說對史實的重視雖不如史傳文學，但大致上會描寫出歷史的世界，會完全根據史實呈現出時代面貌，因此當我們閱讀作品時，能夠感受到那個時代的氛圍。

譬如，司馬遼太郎先生以近代歷史為背景所寫的作品就屬於這一類，如描寫日俄戰爭時代的《坂上之雲》；不過，他寫坂本龍馬的《龍馬行》，或許就稍微接近時代小說。前者時代較近，留下大量的史料；我們也可以說，司馬遼太郎先生以此為背景而寫下的作品，是接近史傳文學的歷史小說。

另一方面，比起歷史，更著重於描寫人物的生存樣貌，關注焦點集中在人物本身，這類的作品就稱作時代小說。

時代小說中，有人讀過淺田次郎先生的小說嗎？

喔，有兩位！淺田先生是當代最優秀的小說家之一。

我也曾經為淺田次郎先生的書寫過解說。我和淺田先生進行對談時，他曾經說：我認為時代小說的一大特長，是能夠深入剖析人性。這段話令我印象非常深刻。

「磯田先生啊，打個比方說，假設我認識的某位公司老闆，和職員發生婚外情，倘若我把事情原封不動地寫出來，那麼大家就會知道我寫的是誰，所以不能寫。然而，磯田先生，如果將人物設定成江戶時代的商人或某個藩的家老和女傭，那麼我就可以寫出這件事了！」

這種情況下，作者想要書寫的重點是人性，而不是江戶時代的史實或是時代性。人的樣貌、人性、情緒和人情問題，即使跨越時代也不會有太大的變化，因此作者為了寫出那個問題，而將故事的時代背景移到過去。在大多數的情況下，據實呈現出那個時代的面貌，並不是時代小說書寫的目的。

山本周五郎就是其中的佼佼者，他留下了許多名作。

他逝世已超過五十年，因此我現在才能很冷靜地說，我過去閱讀他的時代小說時，曾經在深受感動的同時，也對其作品中歷史考證錯誤的程度大為驚訝。

有人讀過《日本婦道記》嗎？山本周五郎的小說現在也還經常被改拍成電影，大家也可以看電影，不過閱讀小說原著確實令人相當感動。

可是，看過內容，也會發現許多令人困惑的地方。

比方說，書中寫道，從福山往岡山的方向走，會遇到鴨方藩，那裡有一座城堡。很抱歉，鴨方藩沒有城堡，只有藩主的宅邸，而且藩主也不住在那個地方，大概試圖隱瞞著什麼。我是那個備中國鴨方藩的藩士的後代子孫，所以這不會有錯（笑）。

作家或學者寫好文章後，出版社一定會核對修正文章的內容和表現形式。大型出版社一般都設有專門負責校對工作的部門。山本周五郎的小說中，在實際上沒有城堡的地方出現了城堡，我想負責校對的同仁應該曾經很困擾吧。

像這樣從實證角度來剖析文豪的作品是否忠於史實，雖有點過意不去，但不如我們再多說一點。對於作品史實考證的程度，芥川龍之介在山本周五郎之上，幸田露伴則又更勝一籌。露伴和芥川的作品內容極為接近史實，這是因為他們仍身處於明治和大正時代。露伴家中代代是「表御坊主衆」[32]，所以他的祖父真的曾經登上江戶城。故而他們作品中散發出的時代感自然天差地遠。因為撫育他們長大成人的祖父們，仍使用著與古典作品相同的語言，生活在那種氛圍之中。

時代小說很有趣，閱讀時代小說可以明白人性，但時代小說只是將故事背景設定在過去，因此我們在當中閱讀到的並非歷史事實。實際上，我們讀了時代小說，並不像閱讀史傳文學或歷史小說那樣，便能夠認識日俄戰爭，或是認識戰國時代。

年號是這麼決定的

磯田　時間所剩不多，最後我們再來說一點什麼呢？

最近元號（年號）變更了。對了，那麼我們就來談一下，日本這個國家是如何變更年號的。

這次研擬新年號之際，除了中國古代典籍之外，也研究了日本的古典，最後採用源自《萬葉集》的年號方案。

我前天在富山見到了，被認為是思考出「令和」這個年號的大師。（「嗄？！」傳來同學的聲音）

這位大師名為中西進，是我現在工作地點的老前輩。據聞就是他思考出新年號的。

首先，我就先來談談現狀。

現在決定年號時，必須參照以下幾點「留意事項」。

(1) 必須含有符合國民理想的美好意義。

(2) 應為兩個漢字。

＊譯注32　表坊主：為江戶幕府的職名，有兩百多人擔任該職，待命於江戶城內，為大名諸侯或官員處理各種雜務。

(3) 應易於書寫。
(4) 應易於朗朗上口。
(5) 必須從未被當作年號或諡號使用。
(6) 不應是常用通俗語彙。

第一點到第四點大概都還好，第五點的「諡號」較難理解，就是天皇或皇帝過世之後被追贈的稱號，如天智天皇、桓武天皇等。

問題是第六點，因為必須不常被用來當作人名或企業名稱。這項條件就有點麻煩。

首相安倍晉三在著作或演講中，經常會提到：「美麗之國，日本」。而《萬葉集》收錄的和歌之中也有這麼一段。

美麗之國　蜻蛉島　乃大和之國　（《萬葉集》第二首）

雖僅是我個人的揣想，但安倍首相會不會曾經希望，採用的年號是依據這首和歌研擬出來的呢？

因此，我們來試想一下，是否能夠以「美和」二字作為年號。

大概不行吧！因為日本到處有叫美和的人（笑）。有一位名為西川美和的電影導演。還有一位叫做美輪明宏的知名藝人，「輪」與「和」，字雖不同但發音卻是相同的。聽說在茨城縣的常陸大宮市有一個美和地區。在製鎖的知名大廠中，有一間公司的名稱就叫做「美和鎖」。已經有這麼多「美和」了……很遺憾，「美和」不可能作為年號。儘管如此，安倍首相說不定對「美麗的大和之國」依然戀戀不捨（笑），因此選擇了在「和」字上面，加上含有「美好」之義的「令」字的年號方案。

能夠事先得知年號方案的人，據推測大概是二人至三人。

首先是內閣官房副長官補（負責內政）。

內閣官房長官是閣員，其下依照慣例會有三名副長官。會由眾議院議員和參議院議員當中，分別各選出一位副長官來協助執掌政務；此外還會任命一名國家公務員擔任副長官負責推行相關事務，人選會從如曾經在中央各省廳擔任過事務次長者中挑出，因此這個職位可謂是日本國家公務員晉升的頂點。

然後，內閣官房副長官之下，還有三名副長官補，分別負責內政、外交、國家安全與危機管理。其中「負責內政」的副長官補的職務中，就有一項與年號相關的工作，即是事先委請三位至五位傑出學者提出數十個年號方案，以便因應年號隨時變更之用；同時還需對照前面提到的幾項條件，經常確認哪一個方案可以使用、哪一個方案不能使用，大致會鎖定約莫五個年號方案，嚴密存放在保險櫃中。然後每當負責內政的副長官補進行職務交替之際，便會將這些年號方案交接給繼任者。

在這位副長官補底下實際處理相關業務的人員，為了進行調查，應該也會看過這些年號方案。這次更改年號，是由一位尼子（昭彥）先生出面委請各方學者思考年號，並實際負責確認學者們提出的方案是否適用。他是漢學家和中國哲學家宇野精一的弟子。

實際上，宇野一家，從哲人、精一到茂彥，祖孫三代皆是學者，而且也都參與了思考年號的工作。這次茂彥先生應該也有提出方案。還有，現在天皇陛下稱為「浩宮德仁」，為其命名者即是哲人先生。

這次的年號方案，據聞是由宇野茂彥、石川忠久、中西進等著名學者所提出。「平成」這個年號，確知採用的是東洋史學者山本達郎的提案。

總而言之，因此內閣官房長官副長官補、實際處理相關業務的人員和實際思考年號方案的人，以這三人的立場，應該會最早知道新的年號方案。

就像這樣，必定有特定的人，負責執行國家事務。而這些事務是，由誰、如何制定計畫、如何執行，透過紀錄徹底加以查證，也是歷史學的一項重要工作。

不論是值得慶賀時或災害發生時

磯田　其實……在進入令和之前，我和被認為是思考出新年號的中西進先生，曾經有過這麼一番對話。那時候，我做夢都沒想到他會正在思考年號，因此直率地說（笑）：

「過去沒有用過將命令的『令』字放在上方的年號，但曾經有過『令德』的提案。這個提案應該是故意要讓幕府感到不快，因為含有命令德川家的意思。」

真的只是偶然，但不知道中西先生是怎麼想的，下次我要跟他請教一下。

另一方面，有一個奉承幕府的年號方案則再三被提出。畢竟年號變更時的費用，是由幕府提供的。

那就是「嘉德」這個方案。「嘉」字，訓讀的念法為「よみする」（yomisuru），有表揚、稱讚之意，也就是英文的「admire」的意思。因此含有表揚德川之意，也就是天皇稱讚德川的意思。在江戶時代雖然曾經多次提出這個方案，但始終從未被採用。

假設——這只是個假設性的說法，如果有人提案，以「嘉」與平安的「安」合寫成的「嘉安」作為年號，說：「這是稱讚安倍內閣很傑出」；若採用了這種帶有政治意涵的年號方案，在過去是會引起軒然大波的。現在或許很難想像，但是在現代化之前的時代，就曾經有過這樣的事。

那麼，在什麼時候會變更年號呢？

首先是天皇更迭之際。日本從明治時代開始採用「一世一元」[33]的制度，因此現在只有在這種情況下才會變更年號。

此外過去在有值得慶賀之事時，也會因為「此乃祥端之兆」而變更年號。

譬如，發現了白雉雞。

或者，在秩父發現了銅塊。

＊譯注33　一世一元：一代天皇在位期間只使用一個年號。

這種時候就會變更年號。

孝謙女皇，即是建造奈良大佛的聖武天皇的女兒，她曾經因為在就寢時看見天花板上浮現「天下太平」四個字，於是就變更年號（笑）。這時的年號變更為「天平寶字」。而且，在奈良時代有好幾個年號是四個漢字。

然後，最常見的是「災異改元」。

從前只要發生地震，大致上都會變更年號。話雖如此，但也僅限地震發生在京都及其周邊地區時，若地震發生在關東地區則不會因此變更年號。一直要到江戶時代的一七〇〇年左右，才會因為日本東部發生災害而變更年號。

在江戶幕府第五代將軍綱吉統治的末期，於元祿十六年（一七〇三）十一月發生了強烈大地震。這場地震的震源是相模海槽。當時鎌倉這裡，地震造成的海嘯甚至衝上鶴岡八幡宮的二之鳥居，位於由比濱海岸的大鳥居因此損壞，所以受災嚴重程度似乎更甚於大正時期的關東大地震時。

這時候朝廷和幕府之間的關係也確實變得比較親近，因此隔年就將年號變更為

「寶永」。不過，在寶永年間也依然相繼發生地震和其他各種天災，最嚴重的就是富士山的火山噴發。

另外還有一個時候會變更年號，這很重要，就是「革年改元」。干支紀年法是以六十年為一個周期，周而復始，所以有「還曆」之稱。根據中國古代的讖緯思想，認為在這六十年之中，有三個年分會發生劇烈變動，稱之為「三革」。

- 甲子革令
- 戊辰革運
- 辛酉革命

這種令人畏懼的信仰，認為在這些年分天命會改變，當今的王朝說不定會垮台，所以過去會為了避免這種情況發生而變更年號。

「革命」思想與日本

磯田　這裡必須仔細說明一下，存在於東亞世界，如中國、朝鮮、日本等國家的，天命思想和革命思想。

在天命思想中，認為所謂的天，是一種在人之上、超越於人的存在；類似神，但又比人格神還要更抽象。天會從人當中挑選某個人，命令他：「你來統治天下。」於是承受天命者的後代子孫，就以天子的身分統治世間。然而，隨著時代變遷，那個家族，也就是王朝，或者勢力逐漸衰微，或者生下不成器的子孫，於是天命便降臨在他人身上，下一個王朝就成立了。革除天命，這即是「革命」。

到了近代，將「revolution」一詞翻譯成「革命」，導致現在革命一詞的語感變得很微妙，如只不過是降價出售便高呼「價格革命」。革命本來指的是以下的情況。

最早主張革命思想的是周王朝。殷商的紂王是暴虐無道的昏君，周朝的武王，便以「他已喪失天命」為由，推翻了紂王。當武王說：「我家受命於天，天命我成為世間帝王。我乃天子。」他身邊的重臣大概也會大力贊同吧。周朝王族的姓氏是「姬」。革命，也意味著王朝的姓氏改變。於是便也有所謂的「易姓革命」之說。「易」是改變的意思。

明明在講日本史卻變成了中國史（笑），請各位再稍待一會兒。問題出在秦朝的始皇帝。各位應該都知道秦始皇，因為他有出現在漫畫《王者天下》中（笑），就是那個秦王嬴政。

他大言不慚地宣稱：「我就是世間帝王！」（笑）

他自稱始皇帝，也就是第一位皇帝，還要他之後繼位者稱作二世皇帝、三世皇帝即可。然後，他就做了許多了不起的大事。

可是，始皇帝死後，秦朝便旋即滅亡。接著有個叫劉邦的人建立了漢朝，他被稱作漢高祖。

劉邦原本不是王族，他自己和身邊的功臣也都是素行不良的無禮之徒。

當時有一群通曉禮儀的學者被稱為儒者，他們來到漢朝首位皇帝高祖的面前，對那個不懂禮節的莽漢說：

「孔夫子研究了周朝的文物、規範、人們的行為和制度，整理之後，傳授給後人。這稱為禮樂。我們應該要將這些禮樂傳授給眾人。人要是放縱不管，不遵守任何儀式，就會胡作非為。秦朝的那些人只重視嚴刑峻罰，因此不得民心而滅亡。我們應當遵循周朝的做法，好好遵循禮法制度。請聽從我們的建言。」

據說劉邦聽了之後，罵他們囉嗦，還在他們的冠帽中撒尿。他雖是皇帝，但就是那樣的男人。

不過，劉邦畢竟是取得天下的男人，因此並不是傻瓜，應該明白其中的利弊得失。他最後察覺到，為了讓自己的家族永續長存，應該要採取這種做法。

因此高祖決定推行儒教，漢朝的君主也開始稱為天子，並且建築天壇和地壇，以舉行祭祀。

即是堆出土丘，在土丘之上祭祀天神與地祇。天壇的形狀是○，地壇的形狀是口；因為在中國古代認為天是圓形，地是方形。至於舉行祭祀，則是皇帝的使命。

日本古墳中的前方後圓墳，在造型上有可能是兩者的結合。（「啊～」傳來同學的聲音）

也有考古學者認為，應該是有人去到中國，看見天壇和地壇，回到日本後，想出了新的古墳配置形式。因為有痕跡顯示，當時的部族和集團，為了送前任首領升天，會將他們埋葬在圓形的位置，並在方形位置的上方舉行各種祭典。

一般認為前方後圓墳的形式，大概是發明於卑彌呼的時期。當時開始建造古墳。認為建造古墳的大王的血統與現在的皇室一脈相連的想法，總之大概不會有錯。

讓大家久等了，現在就回到變更年號的話題（笑）。

問題在於天命思想。

在日本也是，既然天皇是天子，倘若原封不動依循中國的做法，說不定就會像《孟子》中寫的那樣，有其他家族的某個人說出：「天命我成為天皇」，意圖取代天子的地位。如此一來就麻煩了。

菅公，即是菅原道真，被視為危險人物。菅原道真的家族，被認為最有可能取代天皇。因為菅原道真是學問淵博的有德之人，不僅具備豐厚的學識涵養，他擁有的中國法律知識也無人能及。朝廷官員們都成了菅原道真的弟子。傳說將枯萎的梅樹抱到菅原道真附近，他的學問之德會讓枯木瞬間開花（笑）。不管他再怎麼有學問，也不可能會有那種事。

結果菅原道真被罷黜，貶放到太宰府，最後抑鬱而終。菅原道真雖然死了，但不知是否為了徹底掃除革命思想的精神，朝廷召集了學問淵博的公卿，其中大部分是菅原家族的子孫，派給他們思考下一個年號的任務。

到了江戶幕府末期，在一百三十戶的公卿家中，菅原道真的後代子孫，雖占不到十家，但應該有超過五家。他們既是學者之家，擔任的官職也是文章博士之類的。也就是這些人持續傳承下提出年號議案的專家身分。

天皇家沒有姓氏，沒有姓氏就不會有易姓革命；因此沒有革命、萬世一系的日本，是比中國還要優秀的國家。日後在日本興起的國學，開始倡議這種思想。而且，這種思想不只在近代發生影響，甚至延續到現代。不過今天就先暫且在此打住。

名為「難陳」的辯論會

磯田　回到原先的話題。

在決定新年號時，最後會安排一個場合，從鎖定的數個年號方案中選出最佳方案。這次，在決定以「令和」為年號之際，為聆聽各方意見，事前也舉行了「元號懇談會」。受邀的與會者有作家林真理子女士、研發 iPS 細胞（誘導性多能幹細胞）的山中伸彌先生，此外還有 NHK（日本放送協會）會長，和日本民間放送聯盟、新聞協會、經濟團體、私立大學聯盟等單位的負責人，以及前最高法院院長等。

其實在江戶時代也會安排這樣的場合，陳列出年號方案，由眾人共同選出新年號。前面提到的菅原道真的子孫當然也會參加。

譬如年號更改為天保之際時的情況。

天保年間，是從西元一八三〇年到一八四四年，著名的事件有大饑荒、大鹽平八郎之亂[34]和水野忠邦[35]的改革。當時在位天皇是仁孝天皇，幕府將軍則是十一代的德川家齊和十二代的家慶。至於世界局勢方面，清廷因為鴉片戰爭敗給英國，則是在一八四二年。

「天保」的典故出自中國《尚書》的「欽崇天道，永保天命」。

我手邊有一份資料，是江戶時代的公卿在為更改年號而舉行的會議中製作的。其實那份史料，是我走在京都街上時，舊書店的老闆毫不在意地賣給我的。

我驚訝地對舊書店老闆說：

「這應該是公卿家才會有的古文書啊……」

「對啊！因為這是公卿家的倉庫要打掉時，我立刻上門去買回來的嘛。」（笑）

京都的舊書店老闆這麼說。世上還真不知道會找到什麼呢！

我看了那份資料後知道，在天保以下，還有萬德之類的提案。這是我根據史料找出來的資訊。

於是我想稍微跟各位說明一下，關於「難陳」這個決定年號的朝廷會議。在會議中，首先會陳列出年號方案，接著由指出問題的「難」方，和辯護的「陳」方，雙方展開辯論。跟在皇宮舉行會議時的情況很像。人們聚集在皇宮，穿著朝服的公卿排成一列，針對年號方案，或惡言批評，或為之辯護，很類似辯論會。

根據那份會議紀錄，天保被挑出了這樣的缺點：

天保作為年號，或許意義很好，但字音不好。《毛詩》（《詩經》）中有一句：「天方艱難」（天故出艱難之事），兩者字音相近。所以還是不要以天保作為年號

*譯注34　大鹽平八郎之亂：持續多年的天保大饑荒導致民不聊生，陽明學派學者大鹽平八郎，向官方請願救飢民不果，在天保八年（一八三七），先是自賣藏書救濟窮民，後即舉兵希冀推翻德川幕府，起義失敗後自盡身亡。

*譯注35　水野忠邦（一七九四～一八五一）：江戶時代後期的大名諸侯，曾任肥前國唐津藩和遠江國濱松藩的藩主，在擔任德川幕府首席老中時，於一八四一年至一八四三年期間推動天保改革，因手段過於強硬而受到各方強烈反彈，最後以失敗告終。

比較好（笑）。

說出這番話的是花山院家厚，他在日後甚至當到右大臣，是現在春日大社的宮司的祖先。

持贊成意見的「陳」方又如何辯護呢？他們說：天保，字音確實和「天方艱難」相近，但僅是這點，「對作為年號不會有任何妨礙」，也就是根本不構成問題。

雙方反覆展開類似的議論，最後達成判決要旨。

結果還是決定以天保作為年號。紀錄中寫道：近來，災害連連，尤其是秋天發生了地震，因此決定將年號由文政變更為天保。

以前就是透過這樣的會議決定年號的。因此只要留下史料，我們就能夠明白會議的情況。

正好時間也到了。

我的講課就到此結束。各位如果想發問的話，請儘管提出來。（鼓掌）

在AI的時代

A同學 今天真是獲益良多，除了歷史之外，我還學到了許多不同的事，非常感謝您。

磯田老師說：「歷史很重要，是我們行走於世間的鞋子。」可是根據我的經驗——嗯，我還只活了十七年，很抱歉，因此我的經驗也只有這麼多——該怎麼說好呢，總覺得歷史的教學和考試，會不會太過重視知識和測驗了呢？嗯，不過，知道那些知識以後，可以自己找出一些解釋，所以我不覺得學習那些知識是全然無用的，但如果磯田老師是高中老師的話，您在授課時會重視哪些事呢？

磯田 其實，我認為填充知識，並不是什麼壞事。知識很重要。因為在某種層次上，缺乏知識也就無法進行思考。比方當大家被問到《源氏物語》時，只要記住有宇治十帖，是紫式部寫的，或是參考書中寫到的內容，大概就能夠通過考試。就算是東京大學，肯定應該也進得去。

可是，我們完全沒有必要將考試當作唯一的標準。話說回來，如果沒有從頭到尾讀過《源氏物語》，應該無法理解這部作品。我無法忍受這種情況，因此去圖書館將《源氏物語》全部讀完了。我因為自己有興趣所以這麼做。當然在那段期間我也丟下了其他的課業，因此我在考試時吃盡了苦頭。

然而，這樣會出現一個問題，在接下來的時代，實際上對人而言，擁有同等的、同樣的知識，是否真的有利於生存在這世上呢？

日本顯然將會逐漸變成一個小國。

日本在全世界人口的占比，在一七〇〇年時有百分之五，到了二〇一〇年則僅是當時的十分之一。在全世界的人口當中，現在，每兩百人中有一名日本人。可是在赤穗浪士為舊主報仇的江戶時代，世界上每二十人中就有一名日本人。日本逐漸變小了。

GDP（國內生產毛額）的情況也一樣。在我年輕的時候，日本的GDP當然比中國的GDP高很多；若是平均每人GDP，則是高出十倍之多。不過，根據預測，今後美國和中國的經濟規模將是日本的七倍至八倍，相對地，日本的經濟成長幅度則會偏低，因此恐怕再過三十年，到了二〇五〇年時——也就是各位剛好到了我現在這個年紀的時候——日本的經濟規模將會只有印度的四分之一。這是世界銀行集團的智庫所做的預測，應該不會有太大的誤差。

現在正在發生的變化，是人類史上大概一千年才會發生一次的劇變。

從狩獵過渡到農耕時，人類的生活產生了極為劇烈的變化。我想平均每人可以得到的食物份量大概是增加了。

從農耕過渡到工業時，像是一個人使用牽引機所生產出來的糧食分量，或是以紡織機咔嚓咔嚓地取代手工織布，從這些情況我們可以想見，這時平均每人生產量會增加，因此平均每人所得也會增加。

從工業轉變成服務業，我想這大概就是我經歷過的經濟型態轉換，日本的GDP有七成左右，由生產製造移轉到服務提供，各位的父母親應該也都經歷過相同的時代變遷。

不過，從這時期開始情況就有點奇怪。明明電腦和網際網路都已經很普及了，但所得卻沒有明顯增加。這種情況在日本特別明顯。

還有，再接下來，當轉變成以人工智慧為主的經濟型態時，又會變成怎樣呢？看樣子有許多工作，確實將會由ＡＩ取代人類的勞動。

譬如性質單純的工作，目的確定、規則明確，內容很具體的工作，像是「將磯田道史從鎌倉女學院送到鎌倉車站」之類的工作，應該會比較快自動化。

不過，像是「讓鎌倉市幸福」，這類高度抽象化的課題，對人工智慧來說大概很困難。還有，要求人工智慧「開發前所未有的新產品」，這應該也很難吧。若有人能讓人工智慧達成這些工作，那麼恐怕將會出現財富集中於這些人身上的狀態。

除此之外，當人類將一定程度的勞動交由機器執行後，必然就會把時間花在娛樂上。另一方面，亞洲各國也會變富裕。於是，將會發生何種情況呢？

像是京都的例子，以國外觀光客的變化而言，從二〇〇〇年到二〇一六年為止，據說國外訪客一口氣大幅增加。在此之前，我們的獲利當中，汽車、摩托車等產品的占比大約是百分之四，但已經開始被觀光業超前。今後，經濟型態究竟會如何轉變呢？

接下來是「構想結合」的時代

磯田　下一個時代即將降臨的經濟型態，我想應該要稱作「構想結合經濟」。比方掃地機器人。如現在已有的 Roomba 掃地機器人，只要碰觸到東西就會自動避開，可謂只擁有觸覺。以後，可能會出現能記憶原來狀態的機器人，只需按個鈕，就會幫我們把四處散亂的東西放回原位，等我們回到家時，屋子就已整理得乾乾淨淨。這種情況倘若成真的話，機器人也應該能夠輕而易舉地完成，如進行建築工程時的安裝護牆板、設置黑板之類的「施工」。大概再過一個世代，肯定應該就能夠實現。

還有，在藥品開發方面，只要目標確定，如抑制〇〇的物質，ＡＩ也將能夠按部就班地測試各種狀況，或許生產藥品的速度會比現在更快。如此一來人類的壽命就會延長。

那麼，留給人類的工作會是什麼？或者說，只有人類做得到的工作是什麼呢？

我想，必然只會剩下「有趣」或「新鮮」之類的感覺和構想。

因此我曾試著以京都為題目進行了思考實驗。

譬如，假設我在京都經營旅店，而像各位這樣的學生到京都來進行修學旅行。在人工智慧的時代，旅館大概會已經引進各種類型的機器人，如鋪床機器人、端茶機器人等等；現在已經有由機器人提供服務的「奇特飯店」，感覺可能會做得更徹底一些。

這種狀態若持續進展，大概會出現單純住宿只要一千日圓或兩千日圓就能過一夜的飯店。可是，那樣只會幫提供機器人的公司賺錢，對經營旅店的我而言，大概幾乎沒有任何獲利。跟每位客人收取一千日圓、兩千日圓，頂多只有幾百日圓會進到我的口袋。

倘若經營旅店，一晚不收取一萬五千日圓就無法維持營運的話，那我們該怎麼做才好呢？

於是我就想到，何不試著這麼向國外旅客宣傳呢？

「在我們的旅店可以聞香，也可以體驗源氏物語的貝殼配對遊戲。我們提供忍者秀，也教日本畫……」

總而言之，就是嘗試將由鋪床機器人和人一起提供服務的近代京都旅店，與日本自古流傳下來的文化結合，也就是香、源氏物語，或是忍者之類的。如此一來說不定就會出現這樣的情況：

「那間旅店很有趣，我們不要住一千五百日圓的地方，就付一萬五千日圓去住那裡吧！」

這些訊息或許也會在社群媒體上傳播開來。

我想請各位思考一下，這時的價值是從何處產生的？

答案就是「構想結合」。

立命館亞洲太平洋大學的校長出口治明先生曾經說，在工廠勞動的時代很簡單，讓原本工作四小時的人，工作時間延長為兩倍，即八小時，那麼所得就會變成兩倍，或者只要在工廠導入最新的機器就行了；但是構想卻不行，因為那是創意。難以想像，將四小時的會議，時間加倍為八小時，就會想出好的方案吧？與其這麼做，倒不如先去聽聽磯田道史的演講（笑），或是看看電影，到國外旅行，在羅馬的街道上散步，效果應該會更好。

自己親身去體驗、去關心，那些自己不曾接觸過的其他事物，或是那些無人見過的、學校未曾教的事物，將那些事物加以結合，創造出大家覺得有趣或是贊同的事物，這時就會產生價值。現階段正逐漸過渡到這種新的經濟型態。

如同我一開始就提到的，因為人是一種喜歡象徵和符號的不可思議的生物。

因此，我想各位必須關注的焦點或許是，只維持以往的學習方式是不行的。從明治時代到昭和時代，日本的目標是成為世界強國，也就是「富國強兵」。戰敗之後，日本則以成為富裕的「經濟大國」為目標。

接下來的焦點和主題，肯定將會是「健康快樂的日本」吧！

可是，目前教育的現狀，卻依然維持在從工業化逐漸轉變成以服務業為主時的狀態，因此各位暫且還是必須在索然無味的課業上好好用功，努力通過大學入學考試。只是，進入大學之後就不是這樣了。我建議各位在讀書學習之餘，最好還要盡情嘗試各種事物，充分增加自己的知識。

我覺得在將來的社會，會鍛鍊思考、將有趣的事情和資訊放入腦海中的人，和不會這麼做的人，兩者的人生大概會產生差距，而我們現在就站在這個令人畏懼的起點上。

A同學　謝謝您。

這樣的回答妳還滿意嗎？

磯田　稍微有點頭緒了嗎？嗯～不過其實我也沒有完整的答案。

比較、解釋、假說

B同學　磯田老師說：「像教科書當中保留的紀錄，大部分是非日常的特殊情況，或者主要是擁有語言或文字的人的資訊。」而我們現在學習的不正就是這些內容嗎？

在學習日本的教科書時，如世界史的內容是從日本的角度書寫的。我覺得就是因為有這種情況，所以當像日本和韓國之間產生某種爭端時，透過日本教科書學習世界史的日本人，就會以日本的方式思考，所以會出現類似國家論的主張。關於這個方面，您有任何的對策或是看法嗎？

磯田 喔！我立刻就採取行動了。

我的對策，就是進了大學後，將翻譯成日文的各國教科書排在一起閱讀。首先最重要的就是「比較」。

我不為認其他國家的教科書的說法就是完全正確的。比方說韓國的教科書寫他們很早就開始現代化，好讓自己顯得時代很進步，像是說：「我們勝過日本」之類的話。提到當時的識字率，日本比朝鮮高很多，朝鮮的工業化程度相當落後。我當時覺得他們的教科書還真是不可思議。可是，知道這些人和日本不同，原來他們是抱持著這樣的想法，能明白彼此的差異就是一種學習。

比起議論審定通過的標準教科書如何如何，倒不如將各國教科書翻譯成日文放在網路上，讓高中生來進行比較，讓大家思考自己是抱持著何種價值觀和想法。事實上，我認為已經進入了，像我這種立場的人們或是文部科學省，必須思考並有所行動的時代了。我認為應該要克服各種難題，設法整合出這種寬廣的視野。我對於這點也深感責任重大。因此，今天能夠和各位進行這樣的討論，我覺得是一件相當重要的事。

B同學　謝謝您。

不可過於傲慢

磯田　大家還有其他問題嗎？可以了嗎？

C同學　謝謝您精采的講課。

我有一個比較具體的問題，在剛才的布偶裝的投影片中，一開始出現了最古老的面具。那個東西出土的時候，如果是我看到，只會想到貝殼上面有三個洞，就不會再多想了，一般應該不會聯想到面具，不會想到那是用來戴在臉上的吧……。

磯田　那個說不定不是面具呢！或許只是貝殼上偶然出現了幾個洞（笑）。

首先我們要看過洞的位置之後再進行解釋。所以試著從各種角度思考是很重要的。我們要調查貝殼上是否真的有加工痕跡。所謂的加工痕跡，就是有沒有以人工，用石頭從一定的方向在貝殼上進行敲擊。我們要以此為根據仔細研判貝殼是否真為遺物。這就是史料考證。

面對遺物也是，即便那個貝殼真的是遺物，我們也必須要判斷那些洞，是否是經由人為加工敲打出來當作眼睛的。

或許是漁具也說不定！貝殼上有三個洞，因此說不定是用來與其他東西連結的物件。試著提出各種假說也是很重要的，我們不能畏懼接受他人的批判。

有趣的是，當考古學者在遺物中發現不可思議的工具時，大抵都會想以「巫術的工具」帶過（笑）。

我雖然不是考古學者，可是只看東西的考古學者之中，感覺有很多自命不凡的人，認為「挖掘出遺物的我最懂」，堅信他們自己的說法是正確的。無論如何，過於傲慢是不行的。

另一方面，我覺得歷史學者則因為經常被古文書所騙，所以疑心病太重。

教養是無用的別名

D同學 您今日的談話十分引人入勝，我聽到了許多有趣的事。非常謝謝您。

我想，您是要告訴我們，歷史有各種不同的看法，只有人類擁有歷史，以及像學習歷史的重要性之類的事；可是我覺得現今在日本，卻有減少人文學院的大學，或公開說「學藝員是癌」的大臣，明顯湧現一股輕視歷史或人文科系的潮流。明明也有像磯田老師這樣的人會說：「人文科系很重要！」為什麼還會出現那樣的潮流呢？

磯田 肯定是，或許因為大家都變得傾向於在狹窄的範圍內思考，只關注目前的事或自己當下的工作吧。

人文科學怎麼可能會派不上用場，相反地，實際上誠如各位所見，將來我們勢必要能夠結合各種不同類型的構想，我確信這真的是開拓未來最有效的方法，不只是提高GDP，也應該會成為帶動經濟成長的引擎。

今日的文教政策，總之是將預算分配集中在當下流行的科學技術上，而且還迫使大家彼此競爭，像傾向於將大量經費投注在鼓勵寫出被引用次數多的論文；我必須要說，這是一個極端錯誤的想法。

我們試著以自然界為例來思考一下。

植樹造林時倘若只種植杉樹或檜木，以單一樹種造林，那麼當如暴雨導致周圍狀況發生改變時，就會引發相當嚴重的災難，像是樹木一口氣就倒掉了。

雜木林中則棲息著各式各樣的生物，是一個擁有多樣性生物的世界。說不定在那樣的雜木林中，可以採取到能夠開發出新藥物的不可思議的細菌或微生物。

科學也是一樣的，其實即便從歷史的教訓看來也是，存在著多樣科學研究的環境狀態，在時代變遷之際是比較強韌的。不能因為現在乍見流行的科學，論文容易在國外被引用，所以就往那裡投入大量經費，這樣是不行的！……當然也是有好的情況（笑）。

只是，眼前看似有用的東西，也會輕易失去用處。乍見無用的東西，日後說不定也會發揮助益。繞道而行也絕非只是走了遠路，我認為這個觀念是很重要的。

何謂教養？我經常思考這個問題。我認為「教養」有各種定義，但不正就是「無用的累積」嗎？也可以說就是：「純熟的無用」。

比方說，想要學習法文或英文，可是學過就忘了。

有人會想，既然會忘記，那幹嘛要學習？我想告訴他們：「別說那種傻話！」我很喜歡的隨筆作家內田百閒曾說：「一度學會後又忘記的狀態稱作教養，與打從一開始就沒接觸過的人，可謂判若雲泥。」

正是如此，在不知不覺中接觸到某種事物，這種感覺對人而言是很重要的。譬如聽單口相聲，看似毫無用處，可是當我們在思考人是什麼的問題時，卻是大有幫助。在那些荒謬可笑的故事之中，隱含著人的本質。故而我認為必須要重視無用的價值。

不知為何，日本社會總是專注在單一目標上，很容易將全副心力投注於某件事。在科學技術方面，日本過去也只全力投入在能夠立即派上用場的事物，和被視為戰爭中不可或缺的東西上。因此大力發展造船技術，甚至打造出了大和號戰艦。

飛機也是，當想要製造強大的戰鬥機時，甚至就在東京帝國大學開設了第二工學部，要求眾人開發戰鬥機。當時確實是開發出了零式戰鬥機，真的是一項極為傑出的技術。

然而，遺憾的是，美國開發出了像B29那樣厲害的大型轟炸機。整個日本都遭遇到空襲。但是，日本的戰鬥機卻對B29束手無策。各位知道為什麼日本戰鬥機的機能提升了，但卻無法擊落B29嗎？

戰鬥機的引擎必須非常堅固，才有辦法攀升到超過一定高度以上的高空。當對引擎內部的空氣加壓時，溫度就會變得非常高，但是當時用來製造引擎的金屬無法承受那樣的高溫。因為日本的技術無法製造出那種金屬。

然而在美國，卻是讓所有的科學宛如雜木林般恣意生長，因此科學研究的領域涵蓋甚廣，於是他們研發出製造耐得住極端高溫和高度的合金技術，並將技術運用在飛機製造上。

換言之，美國的科學綜合能力遠勝於日本。打算製造強大的戰鬥機，卻不同時橫向擁有與武器完全無關的如製造合金的研究技術，是絕對無法成功的。

日本明明曾經一度被西方打得體無完膚，卻還不知記取教訓，這回又以人文科學無法立即派上用場為由，打算縮小人文學院的規模或削減相關經費，我實在無法理解為何會強行通過這種構想。

若能多讀一些書，應該就不至於會出現這種情況，說不定是因為缺乏想像力的緣故。那種構想，好像只是想著要在眼前國會的五分鐘、十分鐘的答辯中敷衍過關，因為不想被扣分就看人臉色揣度行事，這樣的風氣要是蔓延開來就糟糕了。為了避免這種情況發生，首先就是要重視教養。

因此，請各位務必要成為真正有教養的人。如果不抱持著一定要成為有教養的人的決心，是無法真正獲得教養的！

我也會持續致力鑽研學問，繼續思考世事。謝謝各位。

全體同學 謝謝您。（鼓掌）

圖片出處一覽表

・頁八十五　圖1

貝殼製面具（複製品）　熊本縣阿高貝塚出土　繩文時代中期　拖鞋牡蠣製　長十九・八公分

出自《MASK——面具的考古學》（大阪府立彌生文化博物館圖錄四十三，大阪府立彌生文化博物館，二〇一〇年）。

・頁八十五　圖2

最古老的土製面具　德島縣矢野遺跡出土　繩文時代後期初　長十五・八公分

出自《MASK——面具的考古學》（大阪府立彌生文化博物館圖錄四十三，大阪府立彌生文化博物館，二〇一〇年）。

・頁八十六　圖3

日本最北的土製面具　北海道千歲市真真地遺跡出土　繩文時代晚期後葉　長十七・九公分

出自《MASK——面具的考古學》（大阪府立彌生文化博物館圖錄四十三，大阪府立彌生文化博物館，二〇一〇年）。

・頁八十六　圖4

頭盔狀的土製面具　岡山縣上原遺跡出土　彌生時代前期　寬十七．六公分
出自《MASK——面具的考古學》（大阪府立彌生文化博物館圖錄四十三，大阪府立彌生文化博物館，二〇一〇年）。

・頁九十四　圖5

圖畫明信片「（關東大地震）復興祭當日實況　廣告祭的扮裝遊行」
作者收藏。

Y!Torch18

歷史是一雙靴子

歷史とは靴である

國家圖書館出版品預行編目 (CIP) 資料

歷史是一雙靴子 / 磯田道史著；黃鈺晴譯. -- 初版. -- 臺北市：天培文化有限公司出版：九歌出版社有限公司發行, 2022.03
面；　公分. -- (Y!Torch；18)
譯自：歷史とは靴である
ISBN 978-626-95016-5-6(平裝)

1.CST: 史學 2.CST: 通俗作品

601　　　111001052

作　　者——磯田道史
譯　　者——黃鈺晴
責任編輯——莊琬華
發 行 人——蔡澤松
出　　版——天培文化有限公司
台北市 105 八德路 3 段 12 巷 57 弄 40 號
電話／02-25776564・傳真／02-25789205
郵政劃撥／19382439
九歌文學網　www.chiuko.com.tw
印　　刷——晨捷印製股份有限公司
法律顧問——龍躍天律師・蕭雄淋律師・董安丹律師
發　　行——九歌出版社有限公司
台北市 105 八德路 3 段 12 巷 57 弄 40 號
電話／02-25776564・傳真／02-25789205
初　　版——2022 年 3 月
定　　價——300 元
書　　號——0302018
I S B N——978-626-95016-5-6
EISBN：9786269501694 (PDF)

“REIKISHI TOWA KUTSU DEARU”